JN273529

イル・プルー・シュル・ラ・セーヌの
お菓子教室

私ども東京・代官山のパティスリー「イル・プルー・シュル・ラ・セーヌ」の向かいにあるフランス菓子教室では、日々「パティスリーに並ぶケーキが家庭で作れるように」と考案した少量のレシピを教えています。生徒さんはお菓子作り初心者から小さなレストランや喫茶店を営むプロまで様々で、日本全国から通われています。

　本書は『焼き菓子教室』（1996年初版）、『生菓子教室』（2002年初版）の中で、長い間愛されてきたお菓子を選りすぐり、配合も最新のものへと改訂して1冊にまとめたものです。
　イチゴのショートケーキ、モンブラン、シュークリーム、プリン、チーズケーキ、クッキー、タルト、マドレーヌ、フィナンスィエ……。紹介されているお菓子の多くは「楽しく洋菓子科」（旧：入門速成科）の授業内容そのままで、たとえ知識や経験のない方でも本格的なお菓子が再現できるようにと考えられたものばかりです。
　そして教室同様、私どもの本も常に「作り手が作り手のために作った本」であることが一番の特徴です。ご家庭で皆さんが本当においしいお菓子が作れるようになるにはどうしたらよいかを第一に考え、教室のレッスンと同様に、ハンドミキサーの羽根をホイッパーや木べらのように混ぜる器具として使ったり、混ぜる回数や温度、時間などを事細かに示すことで、誰もがおいしいお菓子ができるようにと工夫しています。
　特別な道具を使わずに、少量のレシピでこれだけの本格的なお菓子が作れる本は他にはないでしょう。いまだに『焼き菓子教室』や『生菓子教室』の読者の方から「今までいろんなレシピで作っていたけれど、この本で作ったら自分の腕前があがったのかと思うくらいおいしいお菓子ができてびっくりしました」「今でも大切に本を持っています」と言われることも多いのです。10年以上前の本を、皆さんが大切に持ち、そのお菓子を繰り返し作り続けてくださるのは、やはりお菓子がおいしいからだと思います。

　「お手軽」「かんたん」なレシピが増えている昨今ですが、やはり本当においしく心が温かくなる料理やお菓子は、本来は心を込めて、手をかけて作るものだと思います。
　イル・プルーのレシピで作ったことがない方は、最初は戸惑うことも多いかもしれませんが、まずはレシピをひと通り読み、すべての材料をしっかりと計量して準備を整え、お菓子作りに取り組んでみてください。最後には間違いなくおいしいお菓子ができますよ。
　どうぞこの新しくなった本も可愛がってください。そしてもっともっとたくさんのおいしいお菓子が作りたくなった時は、ぜひ代官山の教室にもいらしてくださいね。

2014年8月
椎名眞知子

もくじ

1 焼き菓子編

- 3 はじめに
- 7 お菓子の心得
- 8 基本の材料
- 10 基本の器具
- 12 基本の混ぜ方・泡立て方

- 17 マドレーヌ
- 20 フィナンスィエ
- 22 ティグレ
- 24 ガナッシュ入りチョコレートケーキ
- 26 コーヒーのダックワーズ
- 28 アーモンドケーキ
- 31 マーブルケーキ
- 34 ウィークエンド
- 36 ガトー・ショコラ
- 38 くるみのパウンドケーキ
- 40 ベイクドチーズケーキ
- 43 リーフパイ
- 46 アップルパイ
- 48 アーモンドクリームパイ
- 50 リンゴのタルト
- 55 レモンのタルトレット
- 58 イチゴのタルトレット
- 59 チョコレートのタルト
- 60 ブルーベリーのタルト
- 62 ココナッツとバナナのタルトレット
- 64 ココナッツのサブレ／チョコレートのサブレ
- 66 アーモンドのテュイル
- 67 チーズのクッキー
- 68 クルミのマカロン
- 69 プレーンと紅茶のビスキュイ

2 生菓子編

- 71 イチゴのショートケーキ
- 75 イチゴのショートケーキのバリエーション ジュレで仕上げる
- 76 シュークリーム
- 80 エクレール
- 82 シュークリームのバリエーション プロフィットロール
- 83 モンブラン
- 86 モンブランのバリエーション ガトー・マロン
- 88 オレンジのロールケーキ
- 92 フォレ・ノワール
- 96 レアチーズケーキ
- 99 イチゴのミルフイユ
- 102 シャルロット・オ・ポワール
- 108 ブラン・マンジェ
- 111 紅茶のプリン
- 114 クレーム・ブリュレ
- 116 フルーツのグラタン
- 118 ムース・ショコラ
- 121 クレープ・シュゼット
- 124 クレープ・シュゼットのバリエーション クレープ・グラス・オ・ロム
- 125 トリュフ・キュラソー
- 128 生チョコレート
- 130 ビュッシュ・シャンパン
- 134 イル・プルー・シュル・ラ・セーヌ 教室・店舗案内

▶ 材料は基本的にグラム表記です。0.1g単位のものは、小さじで目安の量も併記しています。
▶ 計量スプーンは大さじ1＝15cc、小さじ1＝5ccです。
▶ 卵はMサイズが50g（殻は除く）、卵黄は15g、卵白は35gです。
▶ バターはすべて無塩バターを使います。
▶ 小麦粉はあらかじめふるっておきます。
▶ 打ち粉は基本的に強力粉を使います。
▶「ジャムベース」（株式会社 アイコク）はジャムや上がけジュレ用の凝固剤です。
▶ とくに指定がない場合、紙はロール紙を使います。
▶ 本書では電子レンジオーブンとガスオーブンの焼成温度・時間を併記しています。電子レンジオーブンは「レンジ」、ガスオーブンは「ガス」と表示します。
▶ ガスオーブンは、焼成時間の半分ほどで天板の奥と手前を入れ替えます。上下2段で焼く場合は、上下も入れ替えます。
▶ 焼成時間は目安です。焼き上がりは自分の目で見て、判断しましょう。
▶ 材料はイル・プルー・シュル・ラ・セーヌの店舗、オンラインショップで取り扱っています（p135）。
▶ 本書は『フランス菓子店「イル・プルー・シュル・ラ・セーヌ」の焼き菓子教室』（1996年刊）と『フランス菓子店「イル・プルー・シュル・ラ・セーヌ」の生菓子教室』（2002年刊）をもとに、レシピを全面的に見直し、あらためて一冊にまとめたものです。

撮影……日置武晴　デザイン……飯塚文子　編集……鍋倉由記子

ディグレ
卵白 64g
ディグレ
AP 28g
タルトウ・カライブ
牛乳 42g
×1
ゼラチン
クレープ・シュゼット
ソースオランジュ
果液
45g

お菓子の心得

ほんの少しの心配りが、実はおいしいお菓子を作る鍵。
作り始める前に確認しておきましょう。

◎分量、温度、時間を正確にはかる
レシピの表示をきちんと守ることで、失敗が少なくなります。

◎室温はできれば20℃くらいにする
作業に多少手間取っても材料が温まることがないように、部屋の温度にも気を配りましょう。

◎冷蔵庫は0℃に、冷凍庫は－20℃に近づける
材料や生地の状態をよりよく保つために、なるべく低温の庫内に入れましょう。

◎氷は充分に用意しておく
氷水を使う場合は、途中であわてないように、あらかじめ氷をたっぷり準備しておきましょう。

◎自分のオーブンをよく知る
オーブンの温度や焼き時間は、機種やサイズなどによって異なります。表示時間になってもまだ焼き色が薄ければ、次に作る時には10℃上げて焼いてみる、逆に表示時間が来る前に濃い焼き色がつくようなら、次は10℃下げて焼いてみるなど、自分のオーブンに合わせて時間と温度を調整してください。なお、オーブンは使う20分前から予熱し、充分に温めておきます。扉を開けると急激に庫内の温度が下がるので、お菓子を焼く時の温度よりも電子レンジオーブンは20℃ほど、ガスオーブンは10℃ほど高い設定で予熱しましょう。

◎生地は充分に焼く
生地は水分がしっかり抜けるように、よく焼きます。シロップをしみ込ませてもグチャッとならず、快い食感と風味を生みます。

◎美しく切り分ける
でき上がったお菓子は美しい姿で提供したいもの。ケーキは基本的に波刃包丁で切ります。波刃包丁を熱湯につけて軽く水気をきりながら使うと、断面がきれいに切れます。ただし、生クリームを使ったケーキの場合は、生クリームが熱に弱いことを考慮して、波刃包丁はぬるま湯につけます。また、どの場合も、一度お菓子を切るごとに包丁をふきんで拭くことが大切です。

基本の材料

おいしいお菓子作りは材料をよく知ることから。
保存にも気を配りましょう。

小麦粉
薄力粉、強力粉とも手に入りやすいもので構いません。両者を混ぜて使うと、フランスの粉に少しだけ近づきます。大切なのは、湿気を防ぐこと。ビニール袋を二重にして粉を入れ、乾燥剤とともに密閉し、室温で保存します。湿気るとほかの材料と混ざりにくくなります。

砂糖
主にグラニュー糖を使います。粒子の粗いものと細かいものがありますが、どちらでも構いません。なお、上白糖を使うと焼き色が濃くなり、甘みも強めに感じられます。粉糖はコーンスターチを加えているもの、純粋なもののどちらを使っても構いません。

卵
卵黄は必ず新鮮なものを使います。一方、全卵は割らずに約20℃の場所に2～3日置いて、割ると平らに広がるくらいになったものを、卵白は、卵白のみに分けて約20℃の場所に2～3日置いてから冷やしたものを使うと、よい泡立ちになります。

バター
本書で「バター」と書いてあるものは、すべて無塩バターを使います。バターは一度でも溶かしてしまうと元の状態には戻りません。冷蔵庫のよく冷えている場所か、冷凍庫で保存しましょう（あらかじめ使いやすいサイズに切っておくと便利）。冷凍したものは、使う前日に冷蔵庫に移して解凍します。

生クリーム
生クリームは熱によって変化しやすいため、温度管理が肝心です。5℃以上の場所に置いておくと口溶けが悪くなるので、冷蔵庫のよく冷えている場所で保存し（ただし、凍らせないように）、作業は氷水にあてて手早くします。基本的に乳脂肪分42％を使用し、それ以外を使う場合は材料表に明記します。

チョコレート
カカオバターを多く配合した製菓用のものを主に使います。植物性油脂を加えて扱いやすくした洋生チョコレートなどもあります。両者ともヨーロッパ産が風味がよいでしょう。空気と光が入らないように密閉して保存します。冷蔵庫で半年間ほど保存できます。

ゼラチン
計量のわずかな誤差で固まり具合が変わってくるのが、ゼラチンを扱う時の難しさ。1g単位のはかりで正確に計量しましょう。冷水を入れて混ぜ、冷蔵庫に30分ほど入れてふやかしてから使います。本書では「ゼライス」を使いました。メーカーによって固まり具合などは異なります。

洋酒
洋酒はお菓子の味わいにキレを出し、素材の持つ特徴を引き出して印象を高める、大切な役割を果たします。分量は好みで変えてもいいでしょう。香りが抜けやすいので、開封後はできるだけ早く使い切ります。小さな瓶のものが便利です。

香料
「香り」はおいしさの決め手のひとつ。主にバニラ棒とバニラエッセンスを使います。バニラを加えることで味わいにふくらみが増し、おいしさが際立ちます。加える量の目安は、香りがはっきりとわかるくらい。バニラ棒は香り豊かで、少しぬめりのあるものが上質です。

フルーツ
日本のフルーツは味や香りが薄いものが多いため、お菓子には生よりも缶詰を使ったほうがおいしくできる場合があります。生のフルーツを使うお菓子では、できるだけ甘みや酸味がしっかり感じられるフルーツを選び、洋酒や香料などで風味を補います。

基本の器具

適切な器具を使うだけで、
お菓子作りの腕前は確実にアップします。
少しずつ揃えていきましょう。

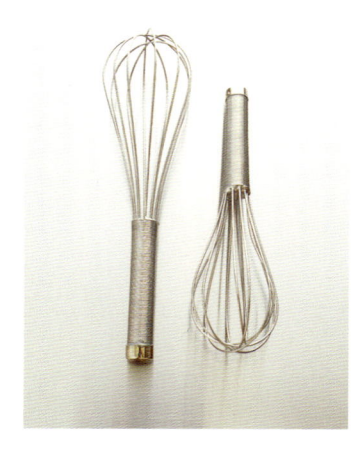

ホイッパー
ホイッパー（泡立て器）は、ワイヤーがしっかりしたものを使いましょう。大小2本揃えておくと便利です。

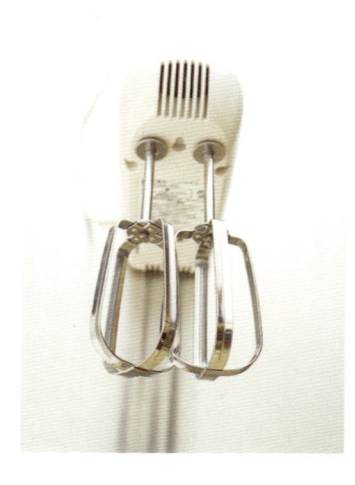

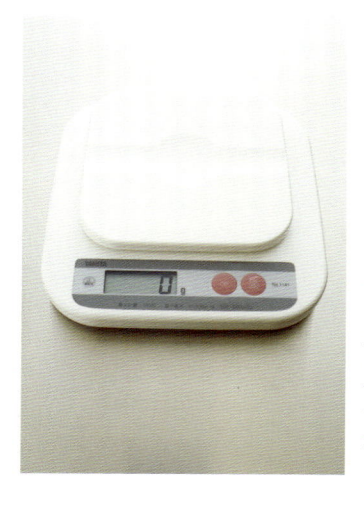

ハンドミキサー
速さを低速、中速、高速の3段階に調節でき、羽根を2本セットするタイプを使います。羽根の先が根元（装着部）より広がっているもののほうがよく泡立ちます。羽根はハンドミキサーから取りはずし、混ぜる器具として単独でも使います。

デジタルはかり
1g単位ではかれるものを用意します。容器の重さを引いて0値にできる機能がついたものが便利です。できれば、0.1gからはかれる微量計があるとさらに便利です。

ステンレスボウル
A：用途の広い一般的なタイプ。大（直径21cm）、中（同18cm）、小（同15cm）とあると便利です。
B：ハンドミキサーを使った泡立て作業には、側面が底に対して垂直に近い、深めのタイプがおすすめ。効率よく泡立てられます。柄つきの小さいもの（直径14cm）は羽根1本で、大きいもの（同18cm）は羽根2本で泡立てる時に使います。

銅ボウル、耐熱性ガラスボウル
銅ボウル：熱の伝わり方が柔らかいのが特徴。厚手のものがおすすめです。ホウロウ製や厚手のステンレス鍋でも代用できます。
耐熱性ガラスボウル：熱の伝わり方が柔らかく、金気が出ないのが特徴。厚手のものを選びましょう。長めに弱火にかける場合には向いていますが、強火には対応できません。

厚手の小鍋

少量のシロップやジャムを作る時などにおすすめです。口径が小さく、加熱される表面積が少ないため、水分が蒸発しすぎるのを防ぎます。直径9cmのものが便利。

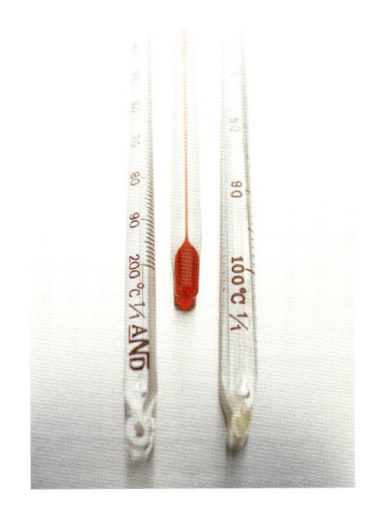

温度計

温度は正確にはかりましょう。100℃計と200℃計を揃えれば万全です。温度計は必ず鍋やボウルの底につけてはかります。また、火にかけたシロップなどの温度は、温度計を鍋やボウルの底に垂直にさしてつけると、正確にはかれます。

絞り袋と口金

生地やクリームを絞る時に使います。口金の種類は左から丸、星、モンブラン用、平波（片側だけギザギザになったもの）。なお、生クリームを絞る時には、利き手（絞り袋を持つ手）に軍手をすると、手の熱がクリームに伝わるのを防ぎます。

■絞り袋の使い方

1　絞り袋の先端を切り、口金を入れる。クリームを入れる場合は、袋を口金の中に押し込む。

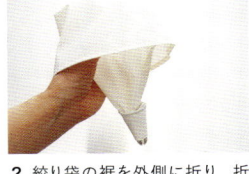

2　絞り袋の裾を外側に折り、折り返し部分を持つ。生地またはクリームをカードなどで入れる。

3　折り返した部分を戻し、中身を口金側に寄せる。クリームの場合は口金に押し込んだ部分も戻す。先端まで中身が詰まった状態で絞り始める。

ストップウオッチ

泡立て時間などを正確にはかるのに使用。泡立て具合がよくわからなくても、時間が判断の目安になります。普通の時計を使っても構いません。

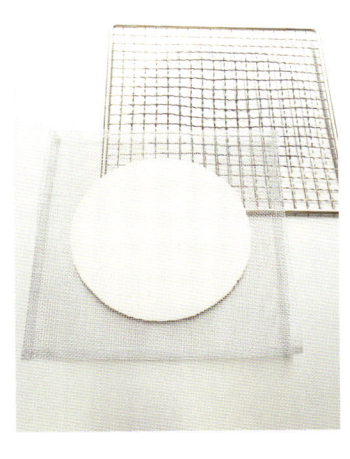

金網、石綿金網（セラミック）

金網：底の部分が小さい鍋などを火にかける時に使います。
石綿金網：耐熱性ガラスボウルを直接火にかけると割れやすいので、金網の上に石綿金網を重ねます。

基本の混ぜ方・泡立て方

お菓子の出来を左右するのが、混ぜ方と泡立て方。
初心者でも失敗しにくい、イル・プルー流の方法をご紹介します。

円に混ぜる（ホイッパーを使って）

用途：ほぐした卵黄にシロップを混ぜ込む時など、さまざまな場面に。

ホイッパーの柄を上から軽く握り、先を底に軽くつけながら大きく円を描くように回す。全体をまんべんなく混ぜることができます。

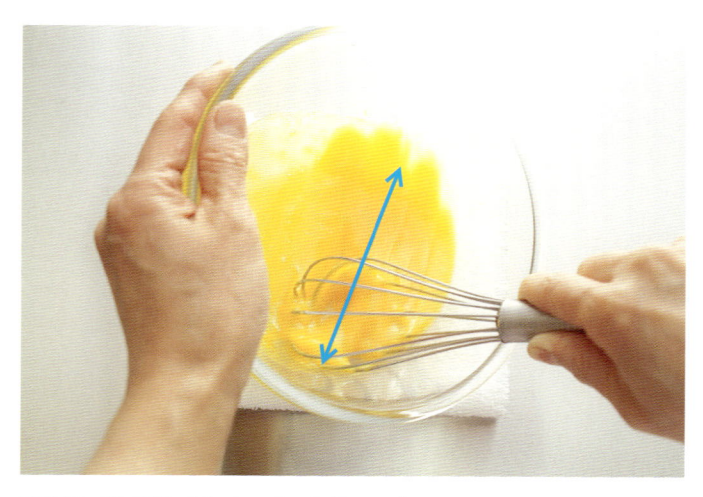

直線に混ぜる（ホイッパーを使って）

用途：卵黄をほぐす時や、卵黄とグラニュー糖を混ぜる時、生クリームを泡立て直す時などに。

ボウルをやや斜めに傾けて材料を一ヶ所に寄せ、直線で往復させて集中的に混ぜます。10秒間に7～8回往復するくらいの速度で。早くよく混ざります。

うず巻きに混ぜる（ハンドミキサーの羽根を使って）

用途：全卵や卵黄を泡立てたものや小麦粉を、メレンゲと混ぜる時などに。

中心から外側にゆっくりとうず巻き状に混ぜ、同様の混ぜ方で外側から中心に戻ります（これで1回）。5秒間に1回くらいの速度を目安に。羽根が薄い板状で適当な隙間があるため、泡をあまりつぶさずに切るように混ぜることができます。

すくい上げて混ぜる（ホイッパーを使って）

用途：生クリームと、生クリームより重いクリームを混ぜ合わせる時などに。

ホイッパーをボウルのふちから反対のふちまでこするようにして手早くすくい上げ、同時にボウルを手前に少しずつ回転させます。下に沈んだクリームも均一に混ぜることができます。

底を混ぜる（ホイッパーを使って）

用途：材料を加熱しながら、または氷水にあてて冷やしながら混ぜる時に。

ホイッパーを立てて持ち、小きざみに不規則に動かしながら底全体を軽くこするようにして手早く混ぜる。底や周りだけが固まるのを防ぎ、全体をよく混ぜることができます。

羽根1本で混ぜる（ハンドミキサーを使って）
用途：泡立てる量が少ない時に。

右利きの場合は羽根を左側につけてハンドミキサーを右回しにします（左利きの場合は逆に）。羽根の回転の向きと逆方向にハンドミキサーを回すことで流れがぶつかり、効率よく泡立てることができます。

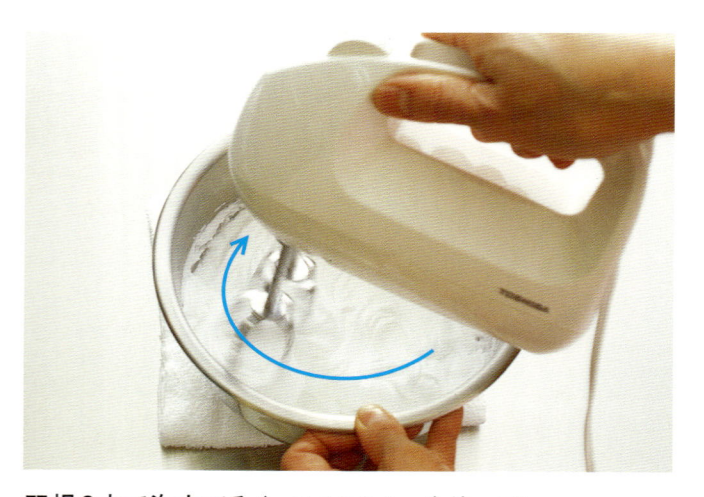

羽根2本で泡立てる（ハンドミキサーを使って）
用途：泡立てる量が多い時に。

ハンドミキサーは水平に持ち、手首を柔らかく使って、羽根がボウルにたまに、軽くあたる程度に円に動かします。1秒間に3回回すくらいの速度を目安に。ボウルの真ん中で小さく回したり、羽根をボウルにガラガラとあてたりしないように。

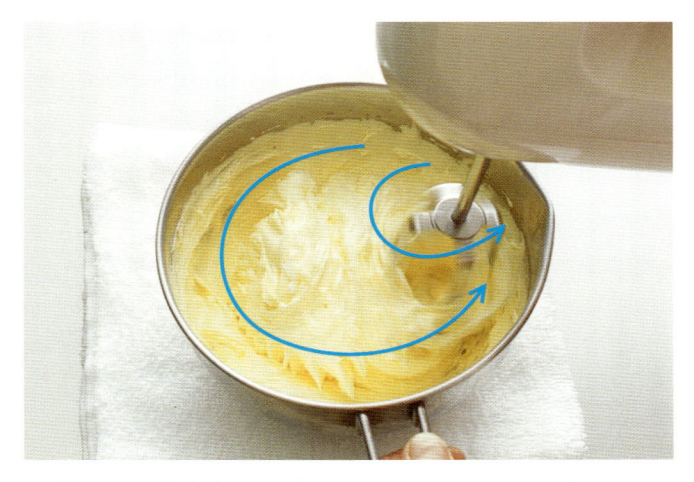

羽根1本で逆方向に回す（ハンドミキサーを使って）

用途：ポマード状のバターなど、固めで混ざりにくいものをほかの材料に混ぜ込む時に。

通常とは逆方向にハンドミキサーを回します（右利きの場合は左回しに）。羽根の回転と向きが一緒なので、無理なく混ぜることができ、余分な空気が入りません。

ボウルについた生地をはらう（どの混ぜ方にも共通）

用途：すべての生地を混ぜる時に。

ボウルの周りには混ぜ残りができやすいので、混ぜている途中でいったんゴムべらで生地をはらうこと。

1

焼き菓子編

Madeleine
マドレーヌ

レモンのさわやかな風味とラム酒の力強い香りが生きています。
素材がはっきり主張するひと味違うマドレーヌをイメージしました。

材料［6.5×6.5cmのマドレーヌ型9個分］

全卵……61g
グラニュー糖……39g
上白糖……39g
レモンの皮（すりおろす）……½個分
サワークリーム……33g
薄力粉……17g
強力粉……17g
ベーキングパウダー……小さじ⅔（3.3g）
バター……22g
ラム酒……6g

下準備

- 薄力粉、強力粉、ベーキングパウダーを合わせてふるう。
- 全卵、グラニュー糖、上白糖、レモンの皮、サワークリーム、粉類を冷蔵庫で冷やす（※1）。
- バターを35℃前後に溶かす（※2）。
- 型にバターをぬり、強力粉をふる（分量外）。

◎ **おいしく作るポイント**
※1──材料を冷やしておくと、味も食感もしっかりしたお菓子ができる。
※2──溶かしバターは約35℃がベスト。これより高いとほかの材料を冷やした意味がなくなってしまう。
※3──独特の刺すような甘みがある上白糖を併用することで、味にいっそう強さが出る。

◎ **焼き上がりの目安**
生地全体に薄いキツネ色がつく。

◎ **食べごろ**
当日〜2日後。

生地を作る ▶▶▶

1　全卵にグラニュー糖と上白糖、レモンの皮を加える
全卵をホイッパーでほぐし、グラニュー糖、上白糖（※3）、レモンの皮を加える。

2　直線に混ぜる
ボウルを手前に傾け、ホイッパーを上下に60回ほど約40秒動かして混ぜる。

3　¼量をサワークリームに加える
別のボウルでサワークリームをホイッパーでほぐし、**2**を¼量加える。

4 円に混ぜる
円を描くように混ぜ、2に混ぜやすい柔らかさにする。

5 残りの2に加える
ゴムべらを使い、残りの2に加える。

6 直線に混ぜる
ボウルを斜めに傾け、直線に30回ほど約20秒混ぜる。

7 粉を5〜6回に分けて加える
粉類をスプーンで全体に散らすように5〜6回に分けて加える。

8 そのつど円に混ぜる
粉が見えなくなるまでホイッパーでゆっくり円に混ぜる。混ぜ終えたら、さらに10回ほど混ぜる。

9 ボウルの内側をはらう
ボウルの上のほうについた生地を、ゴムべらできれいにはらう。

10 溶かしバターを5〜6回に分けて加える
溶かしバターを全体にまくように5〜6回に分けて加える。

11 そのつど円に混ぜる
バターが見えなくなるまでゆっくり円に混ぜる。混ぜ終えたら、さらに10回ほど混ぜる。

12 ラム酒を加える
ラム酒を香りが感じられるくらいの量を加え、円に混ぜる。

焼く ▶▶▶

13 生地を別のボウルに移す
ホイッパーで円に混ぜると上下が混ざりづらいため、別のボウルに移すことで生地の上下を返す。

14 円に混ぜる
10回ほど混ぜて生地のムラをなくす。ホイッパーですくった時に、ドロッと流れ落ちる状態になる。

15 型に流して焼く
生地をマドレーヌ型に流して焼く。
レンジ：200℃で13〜15分
ガス：180℃で12〜13分

Financier
フィナンスィエ

外側はカリッと、中はホロッと崩れるような口あたり。
味わいも食感も複雑なお菓子です。

材料［4.5×7cmのオバール型10個分］

バター……76g
卵白（※1）……76g
グラニュー糖……76g
水飴……14g
アーモンドパウダー……31g
薄力粉……15g
強力粉……15g
バニラエッセンス……5滴

下準備

- 焦がしバター用に氷水を用意する。
- 水飴を温めて柔らかくする。
- 型にバターをぬり、強力粉をふる（分量外）。

◎おいしく作るポイント

※1……卵白は少し古いものを使う。新鮮な卵白ではホロッと崩れる食感に焼き上がらない。
※2……沈殿物が黒までいくと焦がしすぎ。味、香りとも単調になる。鍋ごと氷水につけて急冷し、色が濃くなるのを止める。
※3……あとで熱い焦がしバターを加えると溶けるので、水飴が混ざりづらくても気にしなくてよい。
※4……焦がしバターは直火にかけて80℃前後に温める。混ざりにくいので、最初の半分は少しずつ加えること。沈殿物も忘れずに加える。

◎焼き上がりの目安

全体に濃い焼き色がつく。

◎食べごろ

当日〜3日後。

生地を作る ▶▶▶

1　焦がしバターを作る
バターを中火で熱し、色づいてきたら弱火にしてスプーンで混ぜながら焦がす。沈殿物が濃い茶色になったら鍋ごと氷水にあてて急冷する（※2）。

2　卵白にグラニュー糖、水飴を加える
卵白をホイッパーでほぐし、グラニュー糖と水飴を加えて直線に速く混ぜる。きめの細かいなめらかな泡立ちになる（※3）。

3　アーモンドパウダーを加える
卵白全体がはっきり白く、底をすくっても透明な部分がなくなったら、アーモンドパウダーを加えて円に混ぜる。

4　粉を6〜7回に分けて加える
粉類を6〜7回に分けて加え、そのつどホイッパーでボウルの底からすくい上げて混ぜる。粉を入れ終えたら、さらに20回ほど混ぜる。

5　焦がしバターを6〜7回に分けて加える
80℃に温めた焦がしバター（※4）を、スプーンで垂らすように加え、ホイッパーで円に混ぜる。バニラエッセンスを加え、20回ほどムラなく混ぜる。

焼く ▶▶▶

6　型に流して焼く
型の9分目まで生地をスプーンで入れ、焼く。焼き上がったらすぐに型からはずす。
レンジ：240℃で5分→220℃で6分
ガス：210℃で3分30秒→170℃で6分30秒

Le Tigré
ティグレ

フィナンスィエの生地にチョコレートを加えてヒョウ柄に焼き上げます。
くぼみにチョコレートソースを流せば完成です。

材料 [口径6cmのサバラン型10個分]

卵白……64g
グラニュー糖……64g
水飴……14g
アーモンドパウダー……28g
薄力粉……14g
強力粉……14g
焦がしバター（p21）……64g
バニラエッセンス……3滴
製菓用ミルクチョコレート……20g

◎チョコレートソース
シロップ
├ 水……10g
└ グラニュー糖……10g
牛乳……15g
製菓用ミルクチョコレート……20g
洋生チョコレート……20g
バニラエッセンス……2滴

下準備

- 製菓用ミルクチョコレート（生地用）を3mm角にきざみ、ふるう。
- チョコレートソース用の水とグラニュー糖をいったん沸騰させてから冷まし、シロップを作る。
- 型にバターをぬり、シュクルクリスタル（目の粗いグラニュー糖）をふる（分量外）。

◎おいしく作るポイント
※1……焦がしバターは約60℃に温める。一度に加えると分離しがちなので、少しずつ加える。
※2……生地はしっかり冷ましておかないとチョコレートが溶け、生地とチョコレートのコントラストがぼやける。

◎焼き上がりの目安
全体に濃い焼き色がつく。

◎食べごろ
当日～3日後。

生地を作る ▶▶▶

1　卵白にグラニュー糖、水飴を加える
卵白をホイッパーでほぐし、グラニュー糖と水飴を加えて直線に15回ほど混ぜる。白く、きめの細かいなめらかな泡立ちになる。

2　アーモンドパウダーと粉を加える
アーモンドパウダーを加えて円によく混ぜる。薄力粉と強力粉を加え、粉が見えなくなるまで混ぜる。

3　焦がしバターを加える
焦がしバター（※1）を垂らして加え、速く円に混ぜる。バニラエッセンスを加えて混ぜ、別のボウルに移して10回ほど混ぜる。

4　冷まし、チョコレートを加える
ボウルを氷水にあてて生地をしっかり冷ます。きざんだチョコレートを加え、均一に混ぜる（※2）。

焼く ▶▶▶

5　型に流して焼く
型の9分目まで生地をスプーンで入れ、焼く。焼き上がったらすぐに型からはずす。
レンジ：200℃で13分
ガス：180℃で13分

仕上げる ▶▶▶

6　くぼみにチョコレートソースを流す
シロップと牛乳に2種類のチョコレートを加えて煮溶かし、バニラエッセンスを加える。氷水にあてて冷まし、粗熱がとれた生地のくぼみに流す。

Moelleux au Chocolat
ガナッシュ入りチョコレートケーキ

少し乾いた感じの生地に、しっとりしたガナッシュが入った愛らしいお菓子。
絞ったチョコレート生地にガナッシュを入れ、いったん冷凍してから焼きます。

材料［直径5.5cmのセルクル9個分］

- 卵黄……32g
- バター……30g
- 製菓用セミスイートチョコレート……100g
- 製菓用スイートチョコレート……100g
- バニラエッセンス……5滴
- 生クリーム……20g
- メレンゲ
  - 卵白（※1）……120g
  - グラニュー糖……57g
- 薄力粉……12g
- 強力粉……12g

◎ガナッシュ
- 生クリーム……40g
- 水飴……3g
- コーンスターチ……3g
- ガナッシュ用チョコレート（p126）……45g
- バニラエッセンス……5滴

粉糖（仕上げ用）……適量

下準備

- バターと2種類のチョコレートを合わせ、40℃の湯煎で溶かす。
- ガナッシュ用チョコレートを細かくきざむ。
- 型にバター（分量外）をぬり、紙を敷く。

ガナッシュを作る ▶▶▶

1

ガナッシュを作る
生クリーム、水飴、コーンスターチを火にかけ、糊状に練り上げる。火を止めてきざんだチョコレートとバニラエッセンスを加え、ホイッパーで円に混ぜる。

2

丸く絞り、冷凍庫で冷やす
バットに流して冷凍庫に入れ、絞れるぐらいの固さに冷やす。10mmの丸口金をつけた絞り袋に入れて丸く絞り、冷凍庫で1時間ほど冷やし固める。

生地を作る ▶▶▶

3

バターとチョコレートに卵黄を混ぜる
溶かしたバターと2種類のチョコレートに、ほぐした卵黄を加えてホイッパーで円に均一に混ぜる。バニラエッセンスと生クリームを加え、さらに混ぜる。

4

メレンゲを作る
別のボウルで卵白とグラニュー糖4gをハンドミキサー（羽根2本）を使って中速で1分、高速で1分30秒、残りのグラニュー糖を加えて30秒泡立てる。

5

3に粉を加える
3に薄力粉と強力粉を加え、粉が見えなくなるまでゆっくり円に混ぜる。

6

メレンゲを加える
5にメレンゲを羽根でひとすくい加え、その羽根でゆっくり円に混ぜる。メレンゲが見えなくなったら残りを加え、混ぜる。

7

別のボウルに移し、混ぜる
生地を別のボウルに移して上下を返し、さらに10回ほど混ぜる。

焼く ▶▶▶

8

型に生地と2を入れ、焼く
10mmの丸口金をつけた絞り袋で型の⅓まで生地を絞り、2をのせて9分目まで絞って焼く（※2）。焼き上がったらすぐに紙をはがし、粉糖をふる。
レンジ：190℃で17〜18分
ガス：180℃で15〜17分

◎ **おいしく作るポイント**
※1……混ぜた時にチョコレートが冷え固まらないよう、卵白はメレンゲを作る5分ほど前に冷蔵庫から出しておく（約15℃）。
※2……冷凍したガナッシュが溶けてとろりと柔らかい状態で残る。

◎ **焼き上がりの目安**
オーブンの中で生地が大きくふくらんでから、しぼんで表面が平らになる。

◎ **食べごろ**
翌日〜2日後。

Dacquoise au Café
コーヒーのダックワーズ

やさしい歯ざわりのアーモンド生地でコーヒークリームをサンド。
表面にふった粉糖のシャリッとした口あたりがアクセントに。

材料 [4×6㎝、11〜12個分]

メレンゲ
├ 卵白……100g
└ グラニュー糖……30g
粉糖……45g
アーモンドパウダー……75g
粉糖……適量

◎コーヒークリーム
バタークリーム（p89）……100g
├ 卵黄……40g
│ シロップ
│ ├ 水……33g
│ └ グラニュー糖……100g
│ バター……200g
└ バニラエッセンス……5滴
インスタントコーヒー……5g
湯……5g

下準備

- 粉糖とアーモンドパウダーを両手ですり合わせて混ぜ、2回ふるう。
- バタークリームをp89「オレンジ風味のバタークリームを作る」**1〜9**の要領で作る。
- インスタントコーヒーを湯で溶く。
- ダックワーズ用の型を作る。厚さ10㎜のスチレン製ボードに4×6㎝のだ円形を切り抜き、やすりをかける。切り口に霧吹きをかける（※1）。

生地を作る ▶▶▶

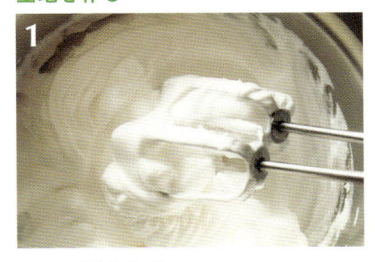

1 メレンゲを作る
卵白にグラニュー糖20gを加え、ハンドミキサー（羽根2本）を使って中速で1分、高速で2分泡立てる。残りのグラニュー糖を加えて高速で1分泡立てる（※2）。

2 粉糖とアーモンドパウダーを加える
粉糖とアーモンドパウダーをスプーン2杯ずつ散らすように5〜6回に分けて加え、羽根でゆっくりうず巻きに混ぜる。全部加えたら、30回ほどよく混ぜる。

3 生地を絞り、型をはずす
天板に紙を敷き、型をのせる。2を絞り袋（口金はつけない）に入れ、型より高めに絞り、パレットナイフで平らにならす。型を小きざみにゆらしながら引き上げる。

焼く ▶▶▶

4 粉糖をふり、焼く
いったん粉糖をふり、5分おいて再度粉糖をふって焼く。
レンジ：180℃で16〜17分
ガス：170℃で15分

仕上げる ▶▶▶

5 コーヒーを加え、混ぜる
バタークリームに溶いたインスタントコーヒーを加え、木べらなどで均一に混ぜる。

6 コーヒークリームをはさむ
焼き上がった生地が冷めたら、2個1組にする。13mmの丸口金をつけた絞り袋にコーヒークリームを入れ、1枚に10g絞ってからもう1枚ではさむ。

◎ **おいしく作るポイント**
※1……型に霧を吹くことで、生地が型からはずしやすくなる。
※2……卵白は少し古いものを使い、しっかりした固めのメレンゲを作る。

◎ **焼き上がりの目安**
全体に薄いキツネ色がつく。
底にもキツネ色がついたか確認を。

◎ **食べごろ**
当日〜1週間。冷蔵庫で保存。

Le Financier
アーモンドケーキ

シンプルで素朴な味わい。そしてアーモンドの香りがやさしく包む、ぬくもりあるお菓子です。
焼き上がった生地にバターをぬり、風味豊かに仕上げます。

材料［16cmのフラワー型1台分］

全卵……47g
卵黄……17g
アーモンドパウダー……38g
グラニュー糖……38g
メレンゲ
　［卵白……30g
　　グラニュー糖……25g
薄力粉……17g
強力粉……17g
溶かしバター……32g

◎仕上げ用
スライスアーモンド……適量
溶かしバター……20g

下準備

・型にバター（分量外）をぬり、スライスアーモンドを貼りつける（※1）。

◎おいしく作るポイント
※1……スライスアーモンドは多いほうが、香ばしさが出ておいしくなる。
※2……混ざりづらいので、溶かしバターは少しずつ加える。
※3……バターをぬることで表面の乾燥を防ぎ、味わいに深みを出す。

◎焼き上がりの目安
全体に薄いキツネ色がつく。竹串を刺して何もつかなくなってから、さらに5分焼く。

◎食べごろ
当日〜5日後。

生地を作る ▶▶▶

1　卵、アーモンドパウダー、グラニュー糖を泡立てる
全卵、卵黄、アーモンドパウダー、グラニュー糖を合わせ、ハンドミキサー（羽根1本）で高速で1分30秒泡立てる。

2　リボン状に落ちるまで泡立てる
羽根で生地をすくった時に、なめらかですっとリボン状に落ちる状態になる。

3　メレンゲを作る
卵白とグラニュー糖5gをハンドミキサー（羽根1本）で中速で1分、高速で1分30秒泡立てる。残りのグラニュー糖を加え、高速で30秒泡立てる。

4　2の半量を加え、うず巻きに混ぜる
メレンゲに2を半量加え、羽根でゆっくりうず巻きに混ぜる。

5　残りを加える
完全に混ぜきらないうちに、残りの2をゴムべらを使って残さず加える。

6　うず巻きに混ぜる
羽根でうず巻きに混ぜる。

7　粉を半量加え、混ぜる。
メレンゲがまだ残っているうちに、粉類をスプーン2杯ほど全体に散らし、軽く円に混ぜる。

8　残りの粉を加え、混ぜる
残りの粉類を加え、粉が少し残るぐらいまで円に混ぜる。

9　生地を別のボウルに移す
別のボウルに移すことで生地の上下を返し、スプーンで円に5回ほど混ぜる。

10　溶かしバターを加え、混ぜる
溶かしバターをスプーンで垂らし入れ（※2）、25回ほどゆっくり円に混ぜる。

焼く ▶▶▶
11　型に流して焼く
型に生地を流し入れ、焼く。
レンジ：170℃で15分→180℃で18〜19分。
ガス：160℃で30分。

仕上げる ▶▶▶
12　溶かしバターをぬる
焼き上がった生地が熱いうちに、溶かしバター（仕上げ用）を刷毛でぬる（※3）。

Cake Marbré
マーブルケーキ

チョコレート生地を混ぜてマーブル模様に焼きます。
しっかりと混ぜれば細かく複雑に、さっと混ぜれば大きく素朴な印象に。
好みに応じていろいろな表情が作れます。

材料［直径16cmのクグロフ型1台分］

- バター……94g
- グラニュー糖……33g
- カソナード……22g
- 卵黄……77g
- オレンジコンパウンド＊……3g
- バニラエッセンス……9滴
- メレンゲ
  - 卵白……50g
  - グラニュー糖……23g
- 薄力粉……83g
- ミルクパウダー（全脂粉乳）……2g
- ベーキングパウダー……2g
- 製菓用スイートチョコレート……88g

＊風味づけに使うオレンジのペースト。

下準備

- バターを室温にもどす（※1）。
- 薄力粉、ミルクパウダー、ベーキングパウダーを合わせてふるう。
- 製菓用スイートチョコレートを細かくきざみ、湯煎にかけて溶かす。
- 型にバターをぬって冷やし、粉をふる（分量外）。

◎おいしく作るポイント

※1……冷えて固いバターを無理に混ぜようとすると空気が入り、味の印象が弱くなるので、バターは充分にもどしておく。固すぎる場合はボウルの底を弱火で温め、逆に柔らかくなりすぎたら氷水につけるなど調整する。

※2・3……50回は混ぜる回数としては多い。つまり、どちらもよく混ぜること。

※4……メレンゲを加える前の生地の状態が大切。固いとメレンゲがつぶれて仕上がりも固くなる。

◎焼き上がりの目安

表面にキツネ色がつく。
型より少し焼き縮む。

◎食べごろ

当日〜1週間後。

生地を作る ▶▶▶

1　バターを練る
バターをホイッパーで円に混ぜ、ほぐす。

2　グラニュー糖を5回に分けて加える
グラニュー糖を5回に分けて加え、そのつどホイッパーでゆっくり円に50回ほど混ぜる。カソナードも同様に加える（※2）。

3　卵黄を5回に分けて加える
よくほぐした卵黄を5回に分けて加え、そのつど卵黄が見えなくなるまでゆっくり円に混ぜる。最後に50回ほど混ぜる（※3）。

4　オレンジとバニラの香りを加える
オレンジコンパウンドとバニラエッセンスを加え、円に混ぜる。ボウルをゆすった時に生地の表面が動くくらい、柔らかい状態になる（※4）。

5　メレンゲを作る
卵白とグラニュー糖6gをハンドミキサー（羽根2本）で中速で2分、高速で1分30秒泡立てる。残りのグラニュー糖を加え、高速で1分泡立てる。

6　4に少しずつ加える
4にメレンゲをひとすくい加え、見えなくなるまでうず巻きに混ぜたら、またひとすくい加えて同様に混ぜる。全部入れ終えたら軽く混ぜる。

7 粉類の半量を少しずつ加える
粉類の半量を3回に分けて加え、羽根でうず巻きに混ぜる。最初の2回は粉が見えるうちに次の粉を加え、3回目は見えなくなるまで混ぜる。

8 別のボウルに移す
生地をゴムべらを使って別のボウルに残さず移し、上下を返す。

9 残りの粉類を3回に分けて加える
残りの粉類を3回に分けて加え、そのつど粉が見えなくなるまでうず巻きに混ぜる。

10 最後によく混ぜる
ボウルの内側についた生地をゴムべらではらう。羽根で粉が見えなくなるまでしっかりうず巻きに混ぜる。

11 生地の一部をチョコレートに加える
湯煎で溶かしたチョコレートに10の1/5量を加え、だいたい均一になるまで混ぜる。チョコレートを完全に混ぜると生地が固くなる。

12 残りの生地と合わせ、混ぜる
11をゴムべらですくい、数ヵ所に分けて10のボウルに加える。混ぜすぎないよう、ゴムべらで軽く切り混ぜる。

焼く ▶▶▶

13 型に流して焼く
型に生地を流して焼く。
レンジ：180℃で40分
ガス：160℃で40分

Gâteau Week-end
ウィークエンド

ほんの少しの意外性を秘めた口あたりを楽しんでください。
愛する人への週末の贈りものにおすすめです。

材料［上口18×7×高さ5.5cmのパウンド型1台分］

- 全卵……108g
- グラニュー糖……139g
- レモンの皮（すりおろす）……1.6個分
- サワークリーム……60g
- 薄力粉……29g
- 強力粉……29g
- ベーキングパウダー……小さじ⅗（3.4g）
- バター……40g
- ラム酒……14g

◎仕上げ
- あんずジャム*……適量
- レモンのグラス*……適量

*あんずジャムはグラニュー糖188gとジャムベース6gをよく混ぜてアプリコットピュレ250gに加え、アクを取りながら沸騰させる。3分ほど煮詰めて火を止め、水飴24gを加え混ぜる。

*レモンのグラスは水11g、レモン汁11g、粉糖90gを混ぜ合わせたもの。ここから適量用いる。

下準備

- 薄力粉、強力粉、ベーキングパウダーを合わせてふるう。
- 全卵、グラニュー糖、レモンの皮、サワークリーム、粉類はそれぞれ10℃に冷やす（※1）。
- バターを溶かし、35℃に温める。
- 型の内側に紙を敷く。

◎おいしく作るポイント
※1……10℃以下になると混ざりづらいので注意。
※2……ここで混ぜすぎないこと。
※3……バターを加えると、ほかの材料が冷たいので一瞬分離したようになるが気にしないでよい。

◎焼き上がりの目安
切り込みが割れた部分に薄いキツネ色がつく。ガスオーブンでは切り込みがうまく割れないが、中は充分に焼ける。

◎食べごろ
当日〜5日後。

生地を作る ▶▶▶

1 卵にグラニュー糖、レモンの皮を加える
全卵をホイッパーでほぐし、グラニュー糖とレモンの皮を加えて直線に60回ほど混ぜる。

2 ¼量をサワークリームに加える
別のボウルでサワークリームをなめらかにほぐす。ここに1を¼量ほど加え、なめらかになるまで円に混ぜる。

3 1にもどし、混ぜる
2を1に加え、直線に30回ほどよく混ぜる。

4 粉を加えて混ぜる
薄力粉、強力粉、ベーキングパウダーを加え、ホイッパーでゆっくり円に混ぜる。粉が見えなくなったらさらに10回ほど混ぜる（※2）。

5 溶かしバターを加える
35℃に温めたバターをスプーンで少しずつ垂らし入れ、ゆっくり円に混ぜる。ラム酒を加え、さらに10回ほど混ぜる（※3）。

焼く ▶▶▶

6 型に流し、いったん焼く
生地を型に流してしばらく焼く。
レンジ：260℃で6分
ガス：230℃で7分

7 オーブンから出し、切り込みを入れる
表面の真ん中にキツネ色がついたら一度オーブンから取り出し、ペティナイフで中央に切り込みを入れる（a）。

8 再び焼く
再度オーブンに入れて焼く。
レンジ：180℃で24分
ガス：170℃で23分

仕上げる ▶▶▶

9 ジャムをぬり、グラスをかける
型から取り出し、20分ほどして粗熱がおよそとれたら紙をはがす。煮詰めたばかりの熱いあんずジャムを底以外の面に刷毛でぬる（b）。表面が乾いたら、レモンのグラスを同様に底以外の面に薄くぬり、オーブンに入れて乾かす。

a

b

Gâteau au Chocolat
ガトー・ショコラ

チョコレートそのものを食べているかのような、
大人向きのビターなチョコレートケーキ。
側面のくびれた形もキュートです。

材料
[直径18cmのジェノワーズ型1台分]

卵黄……70g
グラニュー糖……70g
バター……70g
製菓用スイートチョコレート……59g
製菓用セミスイートチョコレート
　　……29g

カカオバター……13g
生クリーム……56g
サワークリーム……13g
バニラエッセンス……8滴
メレンゲ
　卵白……123g
　グラニュー糖……70g

ココアパウダー……80g
薄力粉……21g
ナツメグ……少量(0.1g)
シナモンパウダー……少量(0.1g)
グラニュー糖……29g

下準備
- バターと2種類のチョコレート、カカオバターを合わせ、40℃（冬は60℃）の湯煎で溶かす。
- ココアパウダー、薄力粉、ナツメグ、シナモンパウダーを合わせてふるう。
- 型の内側に紙を敷く。

◎おいしく作るポイント
※1……卵白はメレンゲを作る5分ほど前に冷蔵庫から出しておく。
※2……混ぜすぎると味が濃厚になりすぎ、混ぜ足りないと軽いものになる。何度か作るうちにちょうどよい加減がわかってくる。

◎焼き上がりの目安
生地が縮み、沈んでくる。竹串を刺して何もつかなくなてからさらに5分焼く。

◎食べごろ
当日〜1週間後。

生地を作る ▶▶▶

1 卵黄、グラニュー糖、バター、チョコレートを合わせる
卵黄とグラニュー糖をホイッパーで直線に混ぜる。少し白っぽくなったら溶かしたバターとチョコレートに加え、円に混ぜる。

2 生クリームとサワークリームを加える
生クリームとサワークリームを泡立てずに加え、均一になるまで円に混ぜる。バニラエッセンスを加える。

3 メレンゲを作る
卵白とグラニュー糖の半量をハンドミキサー（羽根2本）で中速で1分、残りのグラニュー糖を加えてさらに高速で1分30秒泡立てる（※1）。

4 2にココアや薄力粉を加える
ココアパウダー、薄力粉、スパイス類を2に加え、粉が見えなくなるまでホイッパーで円に混ぜる。

5 メレンゲを加え、混ぜる
メレンゲをひとすくい加え、見えなくなるまで羽根で円に混ぜる。これを2回繰り返す。残りのメレンゲとグラニュー糖29gを加え、木べらでメレンゲが消え、なめらかになるまで混ぜる（※2）。

焼く ▶▶▶

6 型に流して焼く
型に生地を流し、表面を平らにして焼く。
レンジ：170℃で50〜60分
ガス：160℃で50〜60分
熱いうちに型から出し、紙をはがして冷ます。側面がくびれたら粉糖（分量外）をふる。

Cake aux Noix de Sarlat
くるみのパウンドケーキ

生地の柔らかくしっとりした食感と、
くるみのカリカリと香ばしい食感のコントラストが一番の魅力。
表面をシロップで甘くコーティングしました。

材料［上口18×7×高さ5.5cmのパウンド型1台分］

バター……50g
グラニュー糖……35g
塩……小さじ1/5弱（0.4g）
全卵……30g
卵黄……24g
クルミ……100g
強力粉 A……20g

生クリーム……20g
バニラエッセンス……5滴
メレンゲ
　卵白……55g
　グラニュー糖……15g
強力粉 B……24g
ベーキングパウダー……2g

◎仕上げ
あんずジャム（p35）……適量
グラス*……適量
クルミ（半割）……5個

＊グラスは粉糖135gに水25g、トスキノチェロ（クルミのリキュール）19g、バニラエッセンス5滴を混ぜ合わせたもの。ここから適量用いる。

下準備

- バターを室温にもどす。
- 生地用のクルミを5mm角にきざむ。
- 生クリームをよく冷やす。
- 強力粉Bはベーキングパウダーと合わせてふるう。
- 型の内側に紙を敷く。

生地を作る ▶▶▶

1 バターにグラニュー糖、塩、卵を加える
ホイッパーで柔らかくほぐしたバターにグラニュー糖と塩を3回に分けて加え、円に混ぜる。全卵と卵黄をほぐし、5回に分けて加え、同様に混ぜる。

2 クルミと強力粉Aを加える
クルミのうち50gを加え、ゴムべらで混ぜる。強力粉Aをスプーンで散らして加え、粉が見えなくなるまで切り混ぜる（※1）。

3 生クリームを2回に分けて加える
冷やした生クリームとバニラエッセンスを2回に分けて加え、そのつど50回ほどよく切り混ぜる。

4 メレンゲを作る
別のボウルに卵白とグラニュー糖を入れ、ハンドミキサー（羽根1本）を使って中速で1分、高速で2分泡立てる。

5 3にクルミと粉を加える
残りのクルミ50gを3に加え、ゴムべらで均一に切り混ぜる。強力粉Bとベーキングパウダーを加え、粉が見えなくなるまで切り混ぜ、さらに40回ほど混ぜる（※2）。

6 メレンゲを加え、混ぜる
メレンゲをひとすくい加え、羽根でうず巻きに混ぜる。2回繰り返し、残りを全部加えて同様に混ぜる。さらに10回混ぜ、別のボウルに移して10回ほど混ぜる。

焼く ▶▶▶

7 型に流して焼く
レンジ：160℃で25分→180℃で10〜15分
ガス：150℃で25分→170℃で10〜15分
型から取り出し、粗熱がおよそとれたら紙をはがす。底以外に熱いあんずジャムをぬる。乾いたら同様にグラスをぬり、オーブンで乾かす（※3）。
レンジ：250℃で2〜3分
ガス：230℃で1分30秒〜2分
仕上げに表面にクルミを飾る。

◎ おいしく作るポイント
※1・2……水分が多い配合なので、粉を2回に分けて加えて分離するのを防ぐ。また、分離してもあまり気にしなくてよい。
※3……グラスが煮えてプツプツ泡立ったらオーブンから取り出す。

◎ 焼き上がりの目安
竹串を刺して何もつかなくなってから、さらに3分焼く。

◎ 食べごろ
当日〜1週間後。

Baked Cheese Cake
ベイクドチーズケーキ

スフレタイプのしっとりしたチーズケーキ。
口に入れるとフワッと溶けて、やさしいチーズの風味がいっぱいに広がります。
天板に湯を張り、蒸し焼きにします。

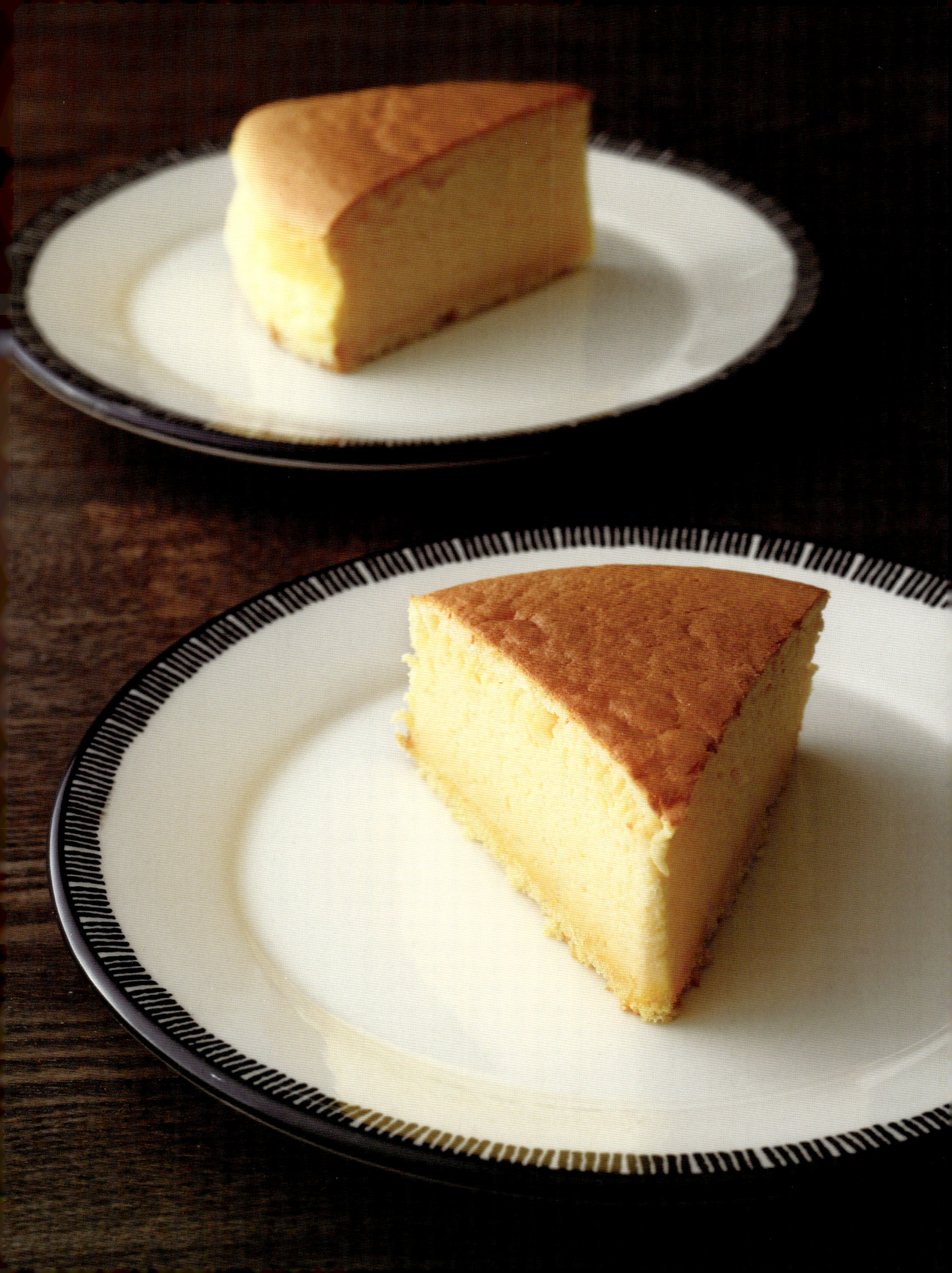

材料 [直径18cmのジェノワーズ型1台分]

- クリームチーズ……130g
- 卵黄……50g
- 牛乳……90g
- レモンの搾り汁……5g
- 薄力粉……20g
- 生クリーム……25g
- バター……40g
- メレンゲ
  - 卵白……80g
  - グラニュー糖……40g
- ビスキュイ生地（直径18cm、厚さ1cm。p72）……1枚

下準備

- クリームチーズを薄切りにし、室温にもどす。
- 卵白とグラニュー糖をハンドミキサー（羽根2本）を使って中速で2分、高速で2分泡立ててメレンゲを作る。
- 型の内側に紙を敷く（生地が取り出しやすいように、細長く切った紙も十字に敷いておく）。そこにビスキュイ生地を敷く。

◎おいしく作るポイント
※1……1回目はとにかくよく混ぜる。
※2……湯煎焼きには熱湯を用意し、ゆっくり時間をかけて焼く。焼き上がった生地の紙は冷めてからはがす。

◎焼き上がりの目安
生地がいったん大きくふくらみ、平らになってから薄いキツネ色がつく。

◎食べごろ
当日〜3日後。

生地を作る ▶▶▶

1　クリームチーズに卵黄を加える
クリームチーズをホイッパーで柔らかくする。ほぐした卵黄を3回に分けて加え、そのつどしっかり円に混ぜる。

2　牛乳、レモン汁、薄力粉を加える
牛乳のうち15gを加えて円に混ぜ、レモンの搾り汁を加えてさらに混ぜる。薄力粉を加え、粉が見えなくなるまで円に混ぜる。

3　牛乳、生クリーム、バターを加える
牛乳75g、生クリーム、バターを沸騰させる。このうち1/3量を、2に3回に分けて加えて円に混ぜる。残りを加え、混ぜる。

4　メレンゲに3を加える
メレンゲの中心をくぼませ、3を玉杓子ですくって1杯入れる。

5　円に混ぜる
メレンゲが見えなくなるまで羽根で円に混ぜる（※1）。これを繰り返して3をすべて混ぜる。別のボウルに移して上下を返し、ゆっくり円に30回ほど混ぜる。

焼く ▶▶▶

6　型に流し、湯煎で焼く
型に生地を流し、天板にのせる。天板に熱湯を注いで蒸し焼きにする（※2）。
レンジ：170℃で1時間
ガス：160℃で1時間

Langue de Bœuf
リーフパイ

ほおばると、ザックリと崩れる香ばしさが魅力のパイ。
表面にたっぷりまぶしたグラニュー糖とカソナードがアクセント。

材料［約7×16cm、18〜19枚分］

パイ生地……½パトン *
- 強力粉……175g
- 薄力粉……75g
- 塩……5g
- 水……100g
- 酢……10g
- バター……185g

グラニュー糖……90g
カソナード……90g

*でき上がり量を1パトンとし、それより半分量を使用する。余った生地はお菓子に合わせて成形した状態で、冷凍庫で1週間ほど保存可。
*カソナードは赤褐色の粗糖。

下準備
- 台やめん棒、打ち粉を冷凍庫で冷やす。
- バターを1cm角に切る。薄力粉と強力粉を合わせてふるい、バターと一緒にボウルに入れ、冷蔵庫で冷やす。
- 塩、水、酢を混ぜ合わせ、冷蔵庫で冷やす。
- 天板にオーブンシートを敷く。

◎おいしく作るポイント
※1……混ぜすぎたり、こねたりしない。グルテンが出すぎて焼いた時に縮んだり固くなる。
※2〜5……時間通り休ませること。
※6……途中でつぶすのは、ふくらみすぎてスカスカな焼き上がりになるのを防ぐため。

◎焼き上がりの目安
全体に濃い焼き色がつく。割ると断面にもしっかり焼き色がついている。

◎食べごろ
当日〜5日後。
乾燥剤と一緒に保存する。

パイ生地を作る ▶▶▶

1 粉とバターに塩、水、酢を加える
ボウルごと冷やした粉とバターの中央をくぼませる。合わせた塩、水、酢を注ぐ。

2 指でほぐすように混ぜる
水気がなくなるまで指でほぐすように混ぜる（※1）。

3 カードで切り混ぜる
ボウルの端から端まで10回ほどカードで押し切るようにしたら、下からすくうように混ぜる。これを5回繰り返す。

4 霧吹きをする
サラサラした状態になったら全体に5回ほど霧吹きをする（分量外）。カードで生地の上下を返し、再度5回ほど霧吹きをして切り混ぜる。

5 ひとつにまとめる
手でひとまとめにする。あとで長方形にのばすので四角形に。

6 冷蔵庫で休ませる
生地をビニール袋に入れ、14×14cm、厚さ3cmほどに整える。冷蔵庫で1時間ほど休ませる（※2）。

7 生地をのばしやすくする
生地を取り出し、台にのせて打ち粉（分量外）を多めにふる。めん棒で生地を押さえてのばしやすくする。

8 45×15cmにのばす
生地の中央から上に、下にとめん棒を動かし、45×15cmほどの長方形にのばす。

9 3つ折りにする
生地の余分な粉を刷毛ではらい、向こう側1/3を手前に折る。手前からも1/3ほど折って重ねる。そのままの方向で縦15cmになるよう少しのばす。

10 向きを変え、50×15cmにのばす
向きを90度変え、めん棒で向こうと手前の端を押さえて生地がずれないようにする。50×15cmにのばす。

11 4つ折りにする
生地の手前を10cmほど残し、向こうから2つに折る。手前の生地も2つに折る（写真）。

12 生地を休ませる
向こうから手前に2つに折る（4つ折りの完成）。ビニール袋に入れて冷蔵庫で1時間ほど休ませる（※3）。

成形する ▶▶▶

13 3つ折りと4つ折りを繰り返す
生地の向きを90度変えて置き（写真）、8〜12を繰り返す。これを1パトンとする。

14 生地を型で抜く
生地1/2パトンを25×22cm、厚さ4mmにのばし、直径6cmのセルクルで抜く。抜いた生地は冷蔵庫で1時間ほど休ませる（※4）。

15 残った生地をまとめ、型で抜く
抜いたあとに残った生地をひとまとめにし、厚さ4mmほどにのばして同様にセルクルで抜く。冷蔵庫で休ませる。

焼く ▶▶▶

16 グラニュー糖とカソナードをまぶす
グラニュー糖とカソナードを合わせて紙に広げ、休ませた生地をのせる。上からもたっぷりふる。

17 細長くのばす
めん棒で16cmほどの細長い円形にのばしつつ、砂糖を生地に密着させる。冷蔵庫でさらに1時間ほど休ませる（※5）。

18 天板に並べ、オーブンで焼く
5分ほど焼いて生地がふくらんだら取り出す。ヘラでつぶし、再度焼く（※6）。
レンジ：220℃で15分
ガス：200℃で10分

Chausson aux Pommes
アップルパイ

甘く煮たリンゴのコンポットにクローヴやバニラ棒を加えて、香りに深みを与えました。
優しくほっとする味わいのお菓子です。

材料 [約11×12cm、9個分]

パイ生地（p44）……1パトン

◎リンゴのコンポート
- リンゴ*……2個
- 白ワイン……150g
- 水……150g
- レモンの搾り汁……5g
- バニラ棒……¼本
- クローヴ（丁字）……1個
- グラニュー糖……90g
- コーンスターチ……4g
- 水……4g

*ゴールデンデリシャスなどが向く。

ぬり卵（p54）……適量

◎シロップ（仕上げ用）
- 水……10g
- グラニュー糖……15g

下準備

- リンゴのコンポットはp54を参照して作る。煮る時に水、バニラ棒、クローヴも加える。仕上げに適量のレモン汁とグラニュー糖（分量外）を加え、2〜3分煮る。火からおろして水で溶いたコーンスターチを加え、軽く沸騰させる。
- 水とグラニュー糖を火にかけてシロップを作る。
- 天板にオーブンシートを敷く。

◎おいしく作るポイント
※1……生地の端を薄くのばすとふくらまないので注意。
※2……オーブンを充分に予熱しておくことで、おいしそうな焼き色がつく。

◎焼き上がりの目安
パイ全体にキツネ色がつく。

◎食べごろ
当日〜3日後。
軽く温めるとおいしい。

成形する ▶▶▶

1 生地をのばし、型で抜く
パイ生地に打ち粉（分量外）をしてめん棒で32×32cm、厚さ4mmにのばす。直径10cmの菊型で抜く。

2 抜いた生地をのばす
長さ12.5cmのだ円形にのばす。向きを90度回転させ、中央部分だけをのばして長さ16cmにする（※1）。

3 リンゴのコンポットを絞る
手前のふち2cm幅に刷毛で卵黄（分量外）をぬる。リンゴのコンポットを13mmの丸口金をつけた絞り袋に入れ、直径4cmに高さを持たせて絞る。

4 半分に折り、とじる
生地を手前に折り、卵をぬった部分を合わせて強めに押さえ、裏返す。

5 ぬり卵をしてピケする
刷毛でぬり卵を薄くぬり、乾いたら再度ぬる。ふちから1cm内側をペティナイフでピケする。冷蔵庫で1時間休ませる。

焼く ▶▶▶

6 模様をつけて焼く
葉の模様を描き、その上に3ヵ所ピケして焼く（※2）。熱いうちにシロップをぬる。
レンジ：250℃で5分→210℃で15分
ガス：210℃で5分→190℃で12〜13分

Galette des Rois
アーモンドクリームパイ

キリスト教の公現祭を祝う伝統的なパイ。
フランスでは中に小さな陶器を入れて焼き、
当たった人は幸運な1年を送れると言われます。

材料［直径10cm、3個分］

パイ生地（p44）……1/4パトン
アーモンドクリーム（p54）……30g
ぬり卵（p54）……適量

◎シロップ（仕上げ用）
- 水……10g
- グラニュー糖……15g

下準備
- 水とグラニュー糖を火にかけてシロップを作る。
- 天板にオーブンシートを敷く。

◎おいしく作るポイント
※1……2枚の生地ののばした向きが同じだと、生地が同じ方向に引っ張られてでき上がりの形が悪くなる。
※2……焼きすぎないこと。アーモンドクリームは火が入りすぎないほうがおいしい。

◎焼き上がりの目安
パイ全体に濃い焼き色がつく。

◎食べごろ
当日～3日後。

成形する ▶▶▶

1　生地をのばし、型で抜く
パイ生地に打ち粉（分量外）をしてめん棒で21×23cm、厚さ2mmの長方形にのばす。直径10cmのセルクルで6枚抜く。

2　ふちに全卵をぬる
抜いた生地を2枚一組にし、片方の生地のふちに刷毛で全卵（分量外）をぬる。

3　アーモンドクリームを絞る
アーモンドクリームをほぐし、10mmの丸口金をつけた絞り袋に入れ、生地の中央部分にうずまき状に絞る。

4　もう1枚ではさみ、冷蔵庫で休ませる
残りの生地を90度向きを変えてのせ（※1）、ふちを手で押さえて密着させる。裏返して冷蔵庫で1時間休ませる。

5　ふちに切り込みを入れる
生地を指で軽く押さえながら、ふちにペティナイフで細かく切り込みを入れて密着度を高める。刷毛でぬり卵を薄くぬり、乾いたら再度ぬる。

焼く ▶▶▶

6　模様をつけて焼く
ペティナイフで格子模様をつけ、ピケして焼く。熱いうちにシロップをぬる（※2）。
レンジ：250℃で6分→210℃で13分
ガス：230℃で4分30秒→190℃で10分30秒

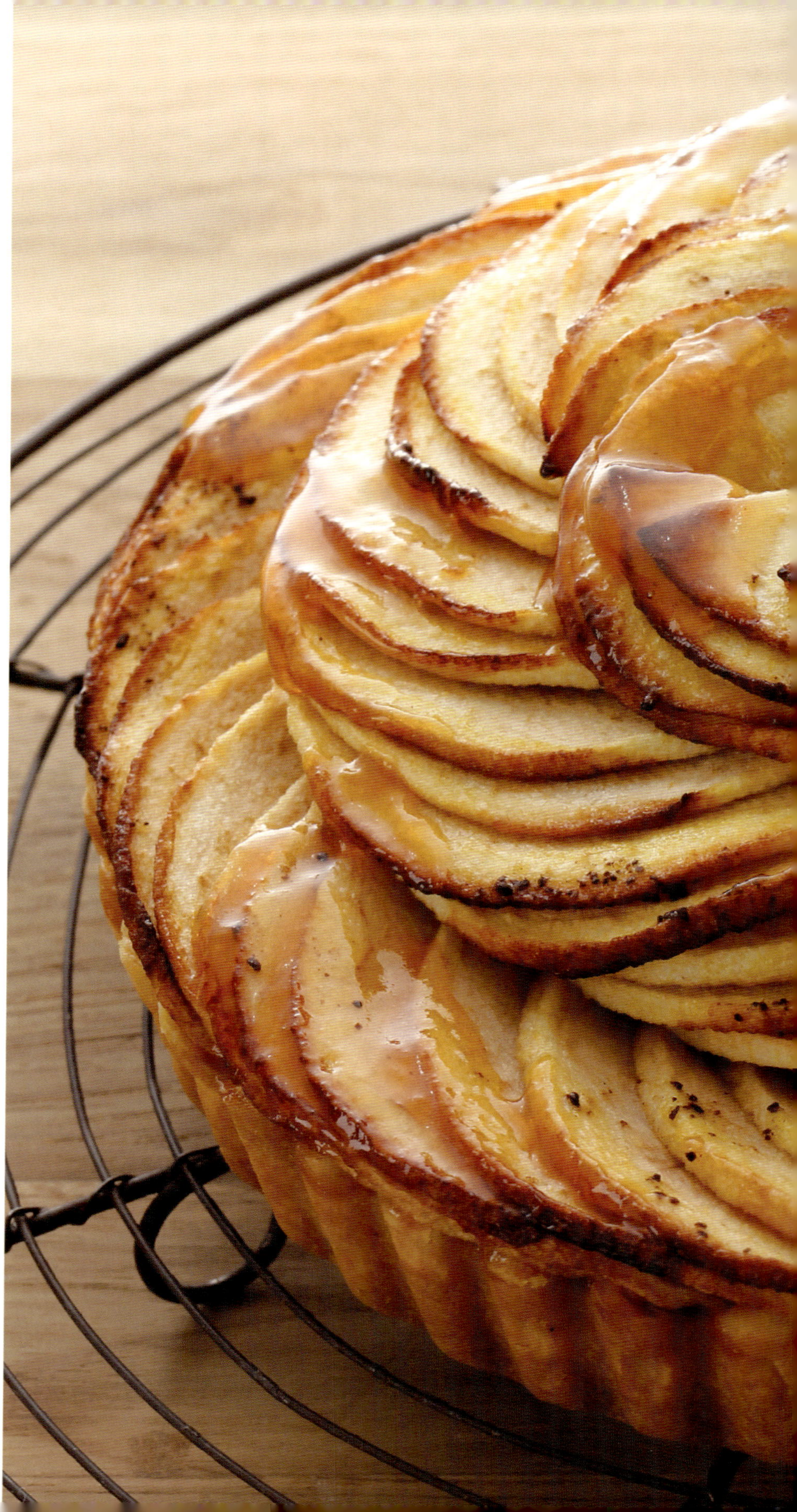

Tarte aux Pommes
リンゴのタルト

リンゴのおいしい時期に作りたい、たっぷりのリンゴをのせたタルト。
ゴールデンデリシャスや王林など肉質が柔らかいものが向きます。

材料 [直径18cmのタルト型1台分]

◎シュクレ生地……250g*
バター……150g
粉糖……94g
全卵……47g
アーモンドパウダー……38g
薄力粉……250g
ベーキングパウダー……小さじ1/3（1.2g）

◎アーモンドクリーム（p54）……120g*
バター……100g
粉糖……80g
全卵……54g
卵黄……10g
サワークリーム……10g
スキムミルク……4g
バニラエッセンス……11滴
アーモンドパウダー……120g

◎リンゴのコンポット（p54）……120g*
リンゴ……中1個
白ワイン……130g
レモンの搾り汁……10g
グラニュー糖……100g

リンゴ……中2個
ぬり卵（p54）……適量
溶かしバター……10g
グラニュー糖……5g
バニラシュガー（p54）……適量
あんずジャム（仕上げ用）……適量

*シュクレ生地、アーモンドクリーム、リンゴのコンポットはそれぞれ表記の分量で作り、でき上がった量から使用。
*余ったシュクレ生地は、9のように型に敷き込んだ状態で冷凍庫で10日ほど保存可。

下準備
- バター（生地用）を室温にもどす（※1）。
- アーモンドパウダー、薄力粉、ベーキングパウダーをふるい、冷蔵庫で1時間冷やす。
- 型にバター（分量外）をぬり、冷蔵庫で冷やす。

◎おいしく作るポイント
※1……バターを薄く切ってボウルに広げ、指で軽く押した時にスッと入るぐらいまで、室温で柔らかくする。
※2・3……とにかくよく混ぜること。
※4……このすりつぶすように混ぜる作業をしっかりしておくと、焼いた時に生地からバターが溶け出さない。
※5……リンゴは焼き縮みするので、型から少しはみ出るくらいに並べる。
※6……リンゴの味を生かすため、ジャムをぬり過ぎない。

◎焼き上がりの目安
リンゴが少し浮き、ふちに焼き色がつく。

◎食べごろ
当日〜3日後。

シュクレ生地を作る ▶▶▶

1 バターに粉糖を加える
バターをホイッパーでほぐす。粉糖を5回に分けて加え、そのつど円に50回ほど混ぜる（※2）。

2 全卵を3回に分けて加える
ほぐした全卵を、3回に分けて加えてそのつど円に50回ほど混ぜる。卵が見えなくなったら、さらに50回ほどよく混ぜる（※3）。

3 アーモンドパウダー、粉類を加える
大きなボウルに移し、アーモンドパウダーを一度に加える。薄力粉、ベーキングパウダーを加え、木べらで切り混ぜる。

4 すりつぶすように混ぜる
木べらの面を下にして、粉が見えなくなるまですりつぶすように混ぜる。さらに20回ほど混ぜ、生地をひとまとまりにする（※4）。

5 折り混ぜる
カードで生地を底からすくい、2つ折りにする。これを15回ほど繰り返す。

6 冷蔵庫で一晩休ませる
手でひとまとめにして形を整え、ビニール袋に入れて冷蔵庫で一晩休ませる。

成形する ▶▶▶

7 生地を円にのばし、型にのせる
生地と台に打ち粉（分量外）をし、めん棒で直径30cm、厚さ3mmの円にのばす。刷毛で余計な粉をはらい、フォークなどでピケする。少したるませて型にのせる。

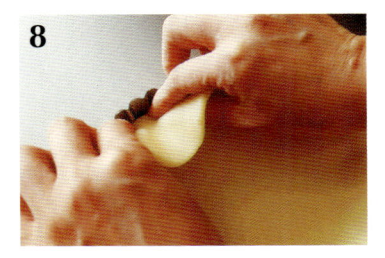

8 型に敷き込む
はみ出た生地を型の内側に沿わせるようにし、生地を型の端まで指でしっかり送り込む。

9 余分な生地を切り、冷蔵庫へ
型の上でめん棒を転がし、はみ出た生地を切り落とす（ペティナイフで切り落としてもよい）。冷蔵庫で1時間ほど休ませる。

10 アーモンドクリームを絞り入れる
アーモンドクリームを10mm幅の平口金をつけた絞り袋に入れ、横に隙間のないように絞る。カードで平らにならす。

11 リンゴのコンポットを敷く
リンゴのコンポットをスプーンで均一にのばす。

12 リンゴを薄切りにし、並べる
リンゴの皮をむいて半分に切り、厚さ1.5mmの薄切りにする。型に沿って8mmほどずらしながら放射状に1周並べる（※5）。

焼く ▶▶▶

13 中央部分にリンゴを入れる
2周目は逆向きに並べる。残りの中央部分に小さく切ったリンゴを入れて底上げし、その上に2周目とは逆向きに並べる。中心に菊型に抜いたリンゴをのせる。

14 ぬり卵と溶かしバターをぬって焼く
刷毛でぬり卵と溶かしバターをぬり、グラニュー糖とバニラシュガーをふって焼く。
レンジ：210℃で35〜40分
ガス：180℃で35〜40分

仕上げる ▶▶▶

15 あんずジャムをぬる
粗熱がとれたら、軽く煮詰めたあんずジャムを刷毛でぬる（※6）。

53

▶アーモンドクリームの作り方

1 バターに粉糖を5回に分けて加え、ホイッパーで円によく混ぜる。

2 全卵と卵黄をほぐし、10回に分けて加えてよく混ぜ、サワークリームとスキムミルクを加えてさらに混ぜる。

3 バニラエッセンスを加える、最後にアーモンドパウダーを2回に分けて加え、木べらで円に50回ずつよく混ぜる。途中でボウルの内側をゴムべらではらい、さらに50回混ぜる。

4 冷蔵庫で一晩休ませる。使う時はボウルにとって室温25℃のところに15分ほどおいてから木べらですりつぶすようにし、絞りやすい柔らかさにする。

▶リンゴのコンポットの作り方

1 リンゴを厚さ2mmの薄切りにし、白ワイン、レモンの搾り汁を加えて弱火で5分ほど煮る。

2 グラニュー糖を半量加えて1時間、残りの半量を加えて30分ほど煮る。火を強めて水分をとばして仕上げる。

▶バニラシュガーの作り方

1 バニラ棒(使用済みのもの)を乾燥させて小口に切り、ミキサーで粉末にする。これをふるって同量のグラニュー糖と合わせる。バニラエッセンスで代用可。

▶ぬり卵(ドリュール)の作り方

1 全卵54gと卵黄27gを合わせてほぐし、牛乳44g、グラニュー糖5g、塩少量を加え混ぜ、裏漉しする。冷蔵庫で2~3日保存可能。卵黄で代用可。

Tartelette au Citron
レモンのタルトレット

レモンの搾り汁や皮を入れて作るタルト。
小さめの型を使い、かわいらしさを強調しました。
誰からも好かれる親しみやすい味わいです。

材料［直径7.5cmのタルト型4個分］

◎ブリゼ生地……210g*
薄力粉……83g
強力粉……83g
バター……107g
牛乳……13g
全卵……25g
グラニュー糖……15g
塩……3g

◎アパレイユ
全卵……58g
グラニュー糖……106g
溶かしバター……40g
レモンの皮（すりおろす）……¾個分
レモンの搾り汁……22g
バニラエッセンス……3滴
レモンエッセンス……竹串の太い方で1滴

＊表記の分量で作り、でき上がった量から使用。余ったブリゼ生地は、7のように型に敷き込んだ状態で冷凍庫で10日ほど保存可。

下準備

- フードプロセッサーとめん棒、台を冷凍庫で充分冷やす。
- 薄力粉と強力粉を合わせてふるい、冷凍庫で1時間冷やす。
- バターを薄切りにして冷蔵庫で冷やす。
- ほぐした全卵に牛乳、グラニュー糖、塩を加え混ぜて卵液を作り、冷蔵庫で冷やす。
- 型にバター（分量外）をぬり、冷蔵庫で冷やす。

◎おいしく作るポイント
※1……泡立てないように注意して混ぜる。
※2……溶かしバターは熱くないと混ざりにくいので注意。
※3……溶かしバターが分離しないよう、様子を見ながら少しずつ加えていく。
※4……タルトをゆすってみて、表面がピンと張ったゆれ方になるまで焼く。

◎焼き上がりの目安
アパレイユの中央がふくらみ、全体にキツネ色がつく。

◎食べごろ
当日〜3日後。

ブリゼ生地を作る ▶▶▶

1 粉とバターを粉砕する
冷やした粉類とバターをフードプロセッサーで粉砕する。フードプロセッサーがない場合は、手でバターを細かくちぎって粉に加え、手のひらですり合わせる。

2 サラサラの状態にする
バターの粒が2mmほどに細かくなり、サラサラとした状態になる。

3 卵液を少しずつ加える
2をボウルに移し、卵液を6回ほどに分けて刷毛で少しずつ散らすように加える。

4 手ですくい上げて混ぜる
手で粉をすくい上げ、指の間からパラパラと粉を落としながら混ぜる。

5 冷蔵庫で休ませる
生地を4〜5個の塊にまとめてからひとつにし、手で押さえるように10回ほど練る。ビニール袋に入れて一晩冷蔵庫で休ませる。

6 厚さ3mmにのばす
生地に打ち粉（分量外）をし、めん棒で叩いてのばしやすい柔らかさにする。厚さ3mmにのばし、余分な打ち粉をはらう。

焼く ▶▶▶

7
型に敷き、空焼きする（写真なし）
直径13cmに抜き、バターをぬったタルト型に敷き込む。1時間ほど冷蔵庫で休ませてから、内側にアルミケースなどをのせて熱した重しを入れ、空焼きする。
レンジ：190℃で約10分
ガス：190℃で約10分

アパレイユを作る ▶▶▶

8
全卵にグラニュー糖を加える
ほぐした全卵にグラニュー糖を加え、ホイッパーで軽く円に混ぜてから直線に混ぜる。写真のように流れる状態にする（※1）。

9
溶かしバターを加える
溶かしバターを約60℃に温め（※2）、8に5回に分けて加え、バターが見えなくなるまで円に混ぜる（※3）。

10
レモンの皮と搾り汁を加える
9にレモンの皮とレモンの搾り汁、バニラエッセンスとレモンエッセンスを加え、円にさっと混ぜる。

11
タルトに流して焼く
空焼きしたタルトにアパレイユをふちいっぱいに流し、焼く（※4）。
レンジ：170〜180℃で14〜16分
ガス：160℃で18分

Tartelette aux Fraises
イチゴのタルトレット

アーモンドクリームを絞って焼いた小さなタルトに、ジュレにくぐらせたイチゴをのせました。

材料 [6×10cmのバトー型9個分]

シュクレ生地（p52）……250g
アーモンドクリーム（p54）……90g
イチゴ（※1）……27個

◎イチゴのシロップ
イチゴ……33g
イチゴのリキュール……小さじ1強（5.3g）
グラニュー糖……10g
レモンの搾り汁……小さじ½（2.6g）

◎イチゴのジュレ
グラニュー糖……35g
ジャムベース……3g
イチゴ……100g
水飴……55g
レモンの搾り汁……13g

下準備
- 型にバターをぬる（分量外）。
- イチゴのシロップを作る。イチゴをミキサーにかけて裏漉しし、他の材料と混ぜ合わせる。
- ジュレ用のイチゴをミキサーにかけて裏漉しする。

◎おいしく作るポイント
※1……イチゴは甘みと酸味の強いもの、またはどちらかが強いものを使う。

◎焼き上がりの目安
タルト全体に焼き色がつき、アーモンドクリームの表面に薄いキツネ色がつく。

◎食べごろ
当日中。

焼く ▶▶▶

1 生地をのばし、型に敷く
シュクレ生地に打ち粉（分量外）をし、めん棒で厚さ3mmにのばす。刷毛で余分な粉をはらい、バトー型に敷く。ピケして冷蔵庫で1時間休ませる。

2 アーモンドクリームを絞り、焼く
アーモンドクリームを絞り袋に入れ、**1**に絞り出す（**a**）。スプーンで平らにならして焼く。
レンジ：210℃で15分
ガス：190℃で8分→180℃で4分

仕上げる ▶▶▶

3 イチゴのシロップをぬる
焼き上がったら、すぐにイチゴのシロップをぬる（**b**）。

4 イチゴのジュレを作る
小鍋にグラニュー糖とジャムベースを入れてよく混ぜる。裏漉ししたイチゴを加えて混ぜ、水飴を加える。軽く沸騰させてアクをとり、裏漉しする。氷水にあて、ゆっくり混ぜながら約50℃まで冷ます。レモンの搾り汁を加える。

5 ジュレにくぐらせたイチゴをのせる
イチゴのへたをとり、竹串に刺して**4**にさっとくぐらせる。タルトに3個ずつのせる。

a **b**

Tarte Caraïbe
チョコレートのタルト

生クリームを加えたチョコレートは少しねっとりした口あたり。
チョコレートそのものの深い香りと苦みを味わってください。

材料 [直径18cmのタルト型1台分]
シュクレ生地（p52）……230g

◎アパレイユ
生クリーム……130g
バニラ棒……2/3本
全卵……50g
卵黄……14g
カソナード……20g
製菓用スイートチョコレート……55g
製菓用セミスイートチョコレート……55g

◎ガナッシュ
ガナッシュ用スイートチョコレート……50g
洋生チョコレート……50g
牛乳……42g
シロップ……20g

下準備
・タルト型にバターをぬり、冷蔵庫で冷やす（分量外）。
・バニラ棒を裂いて種をこそげとる（p78・写真13）。
・アパレイユ用とガナッシュ用のチョコレートをそれぞれ40℃の湯煎で溶かす。

◎**おいしく作るポイント**
※1……チョコレートを2種類使わない場合は、セミスイートチョコレートだけでもよい。

◎**焼き上がりの目安**
全面が軽く浮き、強くゆすると真ん中がわずかに揺れるぐらいで、竹串を刺した時にほとんどアパレイユがつかない。

◎**食べごろ**
当日〜3日後。

a　b

生地を焼く ▶▶▶

1 生地をのばし、型に敷く
シュクレ生地に打ち粉（分量外）をし、めん棒で厚さ3mmにのばす。余分な粉をはらい、タルト型に敷く。ピケして冷蔵庫で1時間休ませる。

2 空焼きする
レンジ：210℃で14分
ガス：190℃で14分

アパレイユを作る ▶▶▶

3 生クリームにバニラの香りを移す
生クリームとバニラ棒と種を小鍋に入れ、火にかける。約80℃になったら火からおろし、ふたをして1時間ほどおいて香りを移す。

4 卵にカソナードを加える
全卵と卵黄をホイッパーでほぐし、カソナードを加えてさらに混ぜる。

5 チョコレートに3を加える
溶かしたチョコレートに3を半量加え、ホイッパーで混ぜる。均一になったらさらに20回ほど混ぜる。残りを加え、同様に混ぜる。

6 4にチョコレート液を加える
5の半量を4に加え、ホイッパーで混ぜる。均一になったらさらに20回ほど混ぜる。残りを加え、同様に混ぜる。

タルトを焼く ▶▶▶

7 タルト生地にアパレイユを流し、焼く
2のタルト生地にアパレイユをいっぱいに流し、オーブンで焼く。
レンジ：200℃で15分
ガス：180℃で14分

仕上げる ▶▶▶

8 ガナッシュを作る
牛乳、シロップを合わせて約40℃に温め、溶かしたチョコレートに加え混ぜる。

9 上がけする
タルトが冷めたら、38℃に温度調整した8をかけ（a）、タルトを動かして全体に行き渡らせる（b）。

Tarte aux Myrtilles
ブルーベリーのタルト

ブルーベリーの果汁がにじみ出た、しっとりしたフィリングがポイント。
上にふりかけたアーモンドが歯ごたえのアクセントに。

材料
[直径18cmのマンケ型1台分]

シュクレ生地（p52）……300g

◎フィリング
アーモンド（皮付き）……60g
グラニュー糖……30g
全卵……40g
オレンジピール……20g
ハチミツ……10g

メレンゲ
 ┌ 卵白……65g
 └ グラニュー糖……10g
薄力粉……12.5g
強力粉……12.5g
 ┌ ブルーベリーの実（缶詰）
 │   ……120g
 │ ブルーベリーの漬け汁……120g
 └ レモンピューレ……20g
スライスアーモンド……20g

◎ブルーベリージャム……80g*
ブルーベリーの漬け汁……100g
グラニュー糖……100g
ジャムベース……2g
レモンピューレ*
  ……小さじ2½（12.4g）
水飴……10g

*ジャムは表記の分量で作り、でき上がった量から使用。
*レモンピューレはレモンの搾り汁で代用可。

下準備

- 型にバター（分量外）をぬる。
- シュクレ生地に打ち粉（分量外）をし、めん棒で厚さ3mmにのばす。ピケして型に敷き、冷蔵庫で1時間休ませる。
- 皮付きアーモンドを180℃で約10分、キツネ色に焼く。
- オレンジピールを包丁でペースト状になるまで細かくきざむ。
- ブルーベリーの実（缶詰）にブルーベリーの漬け汁（缶詰のシロップ）、レモンピューレを合わせて1日マリネする。
- ブルーベリーのジャムを作る。グラニュー糖とジャムベースをよく混ぜ、ブルーベリーの漬け汁とレモンピューレに加えてよく混ぜる。火にかけ、木べらで混ぜながら煮詰める。火を止めて水飴を加える。

◎**おいしく作るポイント**
※1……歯ごたえを楽しめるよう、細かく挽きすぎないこと。
※2……汁気は味をにごらせるので、よく汁気をきる。

◎**焼き上がりの目安**
生地とアーモンドに焼き色がつく。

◎**食べごろ**
当日〜3日後。

フィリングを作る ▶▶▶

1 アーモンドとグラニュー糖を挽く
アーモンドとグラニュー糖をフードプロセッサーにかけ、3〜4mmに挽く（※1）。

2 卵、オレンジピール、ハチミツを加える
1をボウルに移して全卵とオレンジピールを加え、ハンドミキサー（羽根1本）で高速で2分泡立てる。ハチミツを加え、40秒泡立てる。ドロッと重い状態に。

3 メレンゲを2回に分けて加える
卵白とグラニュー糖をハンドミキサー（羽根1本）で中速で1分、高速で1分30秒泡立てる。半量を2に加え、羽根で円に半分ほど混ぜたら残りを加え、半分ほど混ぜる。

4 粉、ブルーベリーを加える
粉類を2回に分けて加え、そのつど粉が見えなくなるまで羽根で円によく混ぜる。汁気をきったブルーベリーの実を加え（※2）、ゴムべらで混ぜ合わせる。

焼く ▶▶▶

5 生地にジャムを流す
休ませておいたシュクレ生地にブルーベリージャムを流す。

6 フィリングを入れて焼く
フィリングを入れて平らにならし、スライスアーモンドをのせて焼く。冷めたら粉糖（分量外）をふる。
レンジ：170℃で55分
ガス：160℃で55分

Lambada
ココナッツとバナナのタルトレット

ココナッツのフィリングのサクサク感が楽しいお菓子。
中に入れたラム酒漬けのバナナとレーズンがそれぞれ主張します。

材料[4.5×7cmのオバール型8個分]

シュクレ生地（p52）……250g

◎フィリング
- 全卵……25g
- 粉糖……50g
- サワークリーム……10g
- 生クリーム……10g
- バナナの漬け汁*……10g

ココナッツファイン*……55g
バナナ（厚さ7mmの輪切り）……16枚
ラム酒漬けレーズン（市販）……24粒
粉糖（仕上げ用）……適量

*バナナの漬け汁はレモンの搾り汁、グラニュー糖、ホワイトラム酒各10gを混ぜ、そのうち10gでバナナを漬ける。その漬け汁を使用。
*ココナッツファインはココナッツを2〜3mmにきざんだもの。市販。

下準備
- シュクレ生地（※1）に打ち粉（分量外）をし、厚さ2mmにのばす。直径10cmのセルクルで抜き、型に敷いてフォークでピケする。冷蔵庫で1時間休ませる。
- サワークリームと生クリームを合わせておく。
- バナナの輪切りを、バナナの漬け汁に30分漬ける（※2）。

◎**おいしく作るポイント**
※1──シュクレ生地を作る時に、粉と一緒にシナモンを小さじ1/6弱ほど加えるとよりおいしい。
※2──漬けることで味、香りが複雑になり、味わいが増す。
※3──漬け汁にはバナナの風味がにじみ出ているので、エッセンスとして用いる。

◎**焼き上がりの目安**
生地およびフィリングの表面にキツネ色がつく。

◎**食べごろ**
当日〜3日後。

フィリングを作る ▶▶▶

1 全卵に粉糖を加える
全卵をホイッパーでほぐし、粉糖を加えて直線によく混ぜる。

2 サワークリーム、生クリームを加える
合わせておいたサワークリームと生クリームを加え、円に混ぜる。

3 バナナの漬け汁を加える
バナナを取り出し、漬け汁だけ加えてさっと円に混ぜる（※3）。

4 ココナッツファインを加える
ココナッツファインを加え、ゴムべらで切るようにむらなく混ぜる。5分ほどおくと、ココナッツが水分を吸ってドロリとする。

5 生地にバナナとレーズンを詰める
生地を敷いた型に、バナナの輪切り2枚とレーズン3粒ずつ入れる。

焼く ▶▶▶

6 フィリングを入れて焼く
フィリングを詰めて表面を軽くならし、オーブンで焼く。冷めたら粉糖をふる。
レンジ：200℃で20分
ガス：180℃で15分

Sablé aux Noix de Coco
ココナッツのサブレ

Sablé au Chocolat
チョコレートのサブレ

ココナッツのサブレはもろく崩れる口あたりが、
チョコレートのサブレはカリッとハードな口あたりが特徴です。

材料 [直径4cm、各30〜32個分]

◎ココナッツのサブレ
バター……100g
粉糖……40g
卵黄……14g
バニラエッセンス……4滴
ココナッツファイン……100g
薄力粉……100g
シュクルクリスタル*……適量

◎チョコレートのサブレ
バター……88g
粉糖……50g
塩……小さじ1/6弱（0.9g）
バニラエッセンス……5滴
薄力粉……125g
製菓用スイートチョコレート……50g
シュクルクリスタル*……適量

*シュクルクリスタルは目の粗いグラニュー糖。

下準備
- バターを室温にもどす。
- 天板にオーブンシートを敷く。
- 粉糖と塩を合わせておく（チョコレートのサブレ）。
- チョコレートをきざみ（※1）、目の粗いふるいにかける（チョコレートのサブレ）。

◎ おいしく作るポイント
※1……チョコレートの口あたりが楽しめるよう、粗めにきざむ。
※2……冷凍庫で固めた生地は切る前に冷蔵庫に5分ほど移し、少し温度を上げてからぬれ布巾で表面をぬらすと割れにくくなる。

◎ 焼き上がりの目安
中心部分はごく薄い焼き色がつき、周りはキツネ色になる。

◎ 食べごろ
当日〜10日後。乾燥剤と一緒に保存。

ココナッツのサブレ

サブレ生地を作る ▶▶▶

1 バターに粉糖を5回に分けて加える
バターをほぐして粉糖を5回に分けて加え、ホイッパーで円に80回ほど手早く混ぜる。

2 卵黄を3回に分けて加える
ほぐした卵黄を3回に分けて加え、そのつど円に80回ほど手早く混ぜる。バニラエッセンスを加える。

3 ココナッツファインを加える
ココナッツファインを2回に分けて加え、そのつど木べらでココナッツが見えなくなるまで直線に切り混ぜる。へらの広い面ですりつぶすように30回ほど混ぜる（a・b）。

4 薄力粉を加え、混ぜる
薄力粉を半分加え、指でほぐしながらある程度混ぜる。残りの粉を加えて同様に混ぜ、生地の上下を返し、粉が見えなくなるまで手で押しながらよく混ぜる（c）。

5 棒状にまとめ、冷凍庫で休ませる
打ち粉（分量外）をした台で生地を転がし、長さ32cmの棒状にする。両端をカードで押さえて平らにし、冷凍庫で一晩休ませる。このまま15日間保存可能。

焼く ▶▶▶

6 グラニュー糖をまぶし、焼く
バットなどにシュクルクリスタルを広げ、5の生地を転がして全体にまぶしつける。厚さ1cmに切って焼く（※2）。
レンジ：210℃で11分30秒
ガス：180℃で10分30秒

チョコレートのサブレ

作り方はココナッツのサブレと同じ。塩は粉糖と一緒のタイミングで、きざんだチョコレートは残りの半量の粉が混ざりかけたところで加えて混ぜる。長さ30cmの棒状にし、厚さ1cmに切って焼く。

a

b

c

Tuiles aux Amandes
アーモンドのテュイル

高温で焼き上げた力強い味と香りが持ち味。
焼き上がったらすぐにトヨ型に入れてカーブをつけます。

材料［直径7cm、18～19枚分］
全卵……27g
卵白……13g
グラニュー糖……62g
サワークリーム……3g
オレンジコンパウンド……2.6g*
バニラエッセンス……5滴
薄力粉……12g
焦がしバター（p21・※1）……19g
スライスアーモンド……62g
＊オレンジコンパウンドがなければ入れなくてよい。

下準備
- サワークリームを室温にもどす。
- 天板にオーブンシートを敷く。

◎おいしく作るポイント
※1……焦がしすぎるとほかの素材の味を邪魔するので注意。
※2……混ざりやすいよう、焦がしバターは温めて加える。
※3……生地を休ませることで味、香りに力強さが出る。必ず翌日中に焼く。夏場は涼しい場所に置くこと。

◎焼き上がりの目安
ふちに濃い焼き色がつき、中央部分は白っぽさが残る。

◎食べごろ
当日～1週間後。
乾燥剤と一緒に保存。

---

a　**b**

生地を作る ▶▶▶

1　卵にグラニュー糖を加える
全卵と卵白をホイッパーでほぐし、グラニュー糖を加えて手早く円に混ぜる。

2　サワークリームや薄力粉を加えて混ぜる
サワークリームとオレンジコンパウンド、バニラエッセンスを加えて混ぜる。薄力粉を加え、粉が見えなくなるまで円によく混ぜる。

3　焦がしバターを2回に分けて加える
40～50℃に温めた焦がしバター（※2）を2回に分けてスプーンで垂らすように加え、そのつど円によく混ぜる。

4　スライスアーモンドを加える
スライスアーモンドを加え、アーモンドが砕けないように木べらで混ぜる。

5　室温で一晩休ませる
密閉容器に入れ、室温に一晩おいて休ませる（※3）。

焼く ▶▶▶

6　薄くのばして焼く
生地をよく混ぜ、少しずつ天板にのせる。水をつけたフォークで円形に薄く広げ（**a**）、焼く。
レンジ：230℃で6～7分
ガス：200℃で6～7分
焼き上がったらすぐにトヨ型に裏返して入れ、形を整える（**b**）。

Batonnet au Fromage
チーズのクッキー

ビールのおつまみにもなる甘くないお菓子です。
エダムチーズの強い香り、カリッとした歯ごたえ、
香ばしさを存分に味わいましょう。

材料 [1×8cm、約44本分]

薄力粉……50g
強力粉……50g
エダムチーズ*（すりおろす）……50g
バター……50g
黒コショウ（粗挽き）……1g
水……22g
グラニュー糖……10g
塩……小さじ⅖（1.6g）
チーズコンサントレ*……8g
ぬり卵（p54）……適量
エダムチーズ（仕上げ用／すりおろす）……30g
*エダムチーズはオランダのチーズで、焼くと香りが強く出る。
*チーズコンサントレはチーズ香料。なければ入れなくてよい。

下準備
- フードプロセッサー、めん棒、台を冷蔵庫で冷やす。
- バターを薄く切り、冷蔵庫で冷やす。
- 天板にオーブンシートを敷き、霧吹きをする（※1）。

◎ **おいしく作るポイント**
※1……霧吹きの水分が、焼いた時の粉っぽさを防いでくれる。
※2……生地が固く、割れやすいので、打ち粉を多めにふってのばす。

◎ **焼き上がりの目安**
全体にキツネ色がつく。
折った時に断面にもキツネ色がついている。

◎ **食べごろ**
当日〜1週間後。
乾燥剤と一緒に保存。

生地を作る ▶▶▶

1 粉、チーズ、バターをフードプロセッサーにかける
フードプロセッサーに粉類、エダムチーズ、バターを入れて、サラサラの状態になるまで粉砕する。

2 黒コショウ、水を加える
1をボウルに移し、黒コショウを加える。水にグラニュー糖、塩、チーズコンサントレを入れて混ぜ、刷毛で少しずつ散らすように加え、p56の**4〜5**の要領で手でまとめる。

3 生地をまとめ、冷蔵庫で休ませる
生地をひとまとめにし、均一になるよう揉むように10回ほど練る。ビニール袋に入れ、冷蔵庫で一晩休ませる。

成形する ▶▶▶

4 生地をのばし、切り分ける
生地に打ち粉（分量外）をふり、めん棒で叩いて柔らかくする。16×22cm、厚さ3mmの長方形にのばす。パイカッターで幅1cm、長さ8cmの棒状に切る（**a**・※2）。

5 冷蔵庫で休ませる
焼き縮みを防ぐため、生地を冷蔵庫で1時間ほど休ませる。

焼く ▶▶▶

6 チーズをまぶして焼く
表面に刷毛で薄くぬり卵をぬり、エダムチーズをたっぷりふる。めん棒を軽く転がして密着させる（**b**）。1本ずつにばらして焼く。
レンジ：180〜190℃で16分
ガス：160℃で16分

a　b

Macaron aux Noix
クルミのマカロン

口に入れた時、ネチッとした歯ざわりに驚くでしょう。
コーヒー風味のバタークリームをはさんだ、クルミのお菓子です。

材料［直径3cm、約15個分］
- アーモンド（皮むき）……100g
- グラニュー糖……166g
- 卵白……70g
- クルミ……100g
- バニラエッセンス……5滴
- ビターアーモンドエッセンス*……竹串の先で2滴
- コーヒークリーム（p26）……100g

＊ビターアーモンドエッセンスは香りづけに使用。

下準備
- クルミを3mm角程度にきざむ。
- 天板にオーブンシートを敷く。

◎ **おいしく作るポイント**
※1……アーモンドから油がにじみ出るぐらいまで挽く。
※2……柔らかくなりすぎた場合は、クルミを多めに加えて固さを調整する。

◎ **焼き上がりの目安**
全体に薄いキツネ色がつく。

◎ **食べごろ**
冷蔵で当日〜3日後。

a b

生地を作る ▶▶▶

1 アーモンドとグラニュー糖を挽く
フードプロセッサーにアーモンドとグラニュー糖を入れ、アーモンドが1mmぐらいの粒になるまで挽く（※1）。

2 卵白を2回に分けて加える
1に卵白を半量加え、さらに挽く。次第に固くまとまってきたら卵白の残りを加え、ペースト状になるまでしっかり挽く。ゆっくり流れるぐらいの固さになる（a）。アーモンドの粒は残っていても構わない。

3 クルミを加える
ボウルに移し、クルミを加えて木べらで円に混ぜる。バニラエッセンス、ビターアーモンドエッセンスを加えて混ぜる。

焼く ▶▶▶

4 生地を絞り、焼く
15mmの丸口金をつけた絞り袋に生地を入れ、直径3cm、高さ1.5cmぐらいに絞り出して焼く（b）。
レンジ：180℃で9分
ガス：170℃で6分30分

仕上げる ▶▶▶

5 コーヒークリームをはさむ
冷めたら2個1組にし、15mmの丸口金をつけた絞り袋にコーヒークリームを入れ、片方に厚さ3mmに絞り、もうひとつではさむ。

Biscuit à la Cuillère
Biscuit à la Cuillère au Thé
プレーンと紅茶のビスキュイ

表面のカリッとした食感と中のサクサクッとした軽い味わい。
砂糖菓子のようにフワッと溶けていく、淡い印象のお菓子です。

材料 [2.4×8㎝、16本分]
◎プレーンのビスキュイ
卵黄……40g
グラニュー糖……42g
メレンゲ
[卵白……64g
[グラニュー糖……22g
薄力粉……32g
強力粉……32g
粉糖、グラニュー糖（仕上げ用）……各適量

下準備
- オーブンシートに長さ8㎝の線を4㎝間隔で引く。これを天板に敷く。

◎ おいしく作るポイント
※1・2……速く混ぜるとメレンゲの泡が消え、口あたりが悪くなるのでゆっくり混ぜる。
※3……時間が経つと生地がだれるので、すべて絞りきること。

◎ 焼き上がりの目安
全体にごく薄いキツネ色がつく。

◎ 食べごろ
翌日～1週間。
乾燥剤と一緒に保存。

a

紅茶のビスキュイの作り方
紅茶13g（ごく細かくきざむかミルで挽き、茶漉しでふるう）を粉と同じタイミングで加える以外は、プレーンのビスキュイと同様に作る。

生地を作る ▶▶▶

1 卵黄にグラニュー糖を加える
卵黄をハンドミキサー（羽根1本）を使って中速で5秒ほどほぐす。グラニュー糖を加え、高速で1分15秒泡立てる。

2 メレンゲを作る
別のボウルに卵白とグラニュー糖10gを入れ、ハンドミキサー（羽根2本）で中速で1分、高速で1分30秒泡立てる。残りのグラニュー糖を加え、さらに30秒泡立てる。

3 メレンゲに1を加える
メレンゲの中央をくぼませ、1を一度に加える。ゆっくりと羽根で円に混ぜる（※1）。

4 粉を少しずつ加える
2/3ほど混ざったところで、薄力粉と強力粉をスプーンで少しずつ加え、そのつど粉が見えなくなるまで羽根でゆっくり円に混ぜる。半分加えたところで別のボウルに移し、生地の上下を返す。同様に残りの粉を加え混ぜ、最後にゴムべらでボウルの内側をていねいにはらい、5回ほど混ぜる（※2）。

5 棒状に絞る
13㎜の丸口金をつけた絞り袋に生地を入れ、線を引いたオーブンシートの上に太さ2.4㎝、長さ8㎝に絞る（a・※3）。

焼く ▶▶▶

6 粉糖とグラニュー糖をふって焼く
粉糖をふり、5分ほどおいて乾かす。グラニュー糖、粉糖を順にふって焼く。一晩自然乾燥させてから密閉容器で保存する。
レンジ：150℃で20分
ガス：130℃で20分

2

生菓子編

Gâteau aux Fraises
イチゴのショートケーキ

みんなが大好きなケーキの定番。
ミルキーな生クリームと甘酸っぱいイチゴを、アーモンド風味の
温かな味わいの生地が引き立てます。

材料［直径18cmのジェノワーズ型1台分］

◎ビスキュイ生地
全卵……80g
卵黄……30g
アーモンドパウダー……65g
グラニュー糖……65g
メレンゲ
　［卵白……60g
　　グラニュー糖……50g
薄力粉……30g
強力粉……30g
溶かしバター……30g

◎仕上げ
シロップ
　［水……50g
　　グラニュー糖……15g
　　キルシュ酒……5g
イチゴ……中約20個
生クリーム……300g
グラニュー糖……30g
キルシュ酒……10g
イチゴのジュレ（p75）……少量
ピスタチオ……少量

下準備

- 溶かしバターは使う直前に約40℃に温める。
- 型の内側に紙を敷く。
- シロップを作る。水とグラニュー糖を混ぜて火にかけ、沸騰したら火を止める。冷めたらキルシュ酒を入れる。
- イチゴはヘタを取り、7個（飾り用）を残して厚さ7mmに切る。
- 飾り用のイチゴ7個は温めたイチゴのジュレにくぐらせ、冷やす。

◎おいしく作るポイント
※1……このあとほかの材料を加えても泡が消えにくいよう、しっかりしたメレンゲを作る。
※2……キルシュ酒の風味をしっかり打ち出すため、生クリームをある程度泡立ててから加える。

◎焼き上がりの目安
ビスキュイは大きくふくらんだ生地がほぼ平らになり、型の内側に3～5mm焼き縮む。

◎食べごろ
冷蔵庫に入れて30分後～当日中。

ビスキュイ生地を作る ▶▶▶

1 卵、アーモンドパウダー、グラニュー糖を泡立てる
ボウルに全卵、卵黄、アーモンドパウダー、グラニュー糖を入れ、ハンドミキサー（羽根1本）で高速で2分30秒泡立てる。

2 泡立てた状態
羽根ですくうと、生地がリボン状に落ちてごくゆるく跡が残るぐらいになる。

3 メレンゲを作る
別のボウルに卵白とグラニュー糖10gを入れ、ハンドミキサー（羽根2本）で中速で1分、高速で2分泡立てる。残りのグラニュー糖を加え、さらに1分泡立てる。

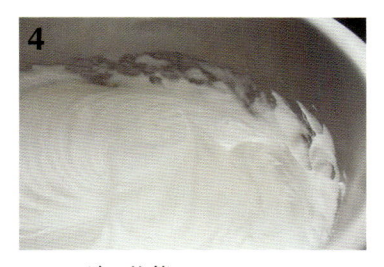

4 メレンゲの状態
きめが細やかでつやがあり、角がピンと立つ状態まで泡立てる（※1）。

5 メレンゲに2を加え、混ぜる
メレンゲに2をなるべく低い位置から加え、羽根で泡をつぶさないようにゆっくり円に混ぜる。ところどころメレンゲの白が残っていて構わない。

6 粉をスプーンで2杯加える
粉類をスプーンで2杯ほど全体に散らし、羽根でゆっくり円に混ぜる。

7 再度粉を加え、混ぜる
粉を完全に混ぜ込む前に、再度2杯ほど加えて同様に混ぜる。

8 生地を別のボウルに移す
生地を別のボウルに移し、上下を返す。底にたまったメレンゲが上にくる。

9 残りの粉と溶かしバターを加える
6の要領で粉を加え、混ぜる作業を繰り返す。約40℃の溶かしバターを2回に分けて加え、そのつど羽根で円に混ぜる。

10 ゴムべらでボウルをはらう
バターが見えなくなったらボウルの内側の生地をゴムべらではらい、最後に2回ほど羽根で円に混ぜる。

焼く ▶▶▶

11 型に流して焼く
型に静かに流し入れる。中央を少しへこませて焼く。
レンジ：170℃で45分
ガス：160℃で45分

12 型をはずし、冷ます
紙と網をかぶせて逆さにし、型をはずして冷ます。逆さにするのは、上下のきめを揃えるため。冷めたら紙をはがす。

仕上げる ▶▶▶

13 ビスキュイを厚さ2cmに切る
焼き面を上にして焼き色部分を切り落とす。底面を上にし、高さ2cmの板をあて、波刃包丁を前後に動かして厚さ2cmに2枚スライスする。

14 シロップをぬる
2枚の生地に刷毛でシロップをぬり、冷蔵庫で冷やす。

15 生クリームを泡立てる
生クリームをボウルに入れて氷水をあて、ハンドミキサー（羽根2本）で高速で泡立てる。すくうととろとろと流れ落ち、跡がすぐに消えるぐらいで止める。

16 グラニュー糖とキルシュ酒を加える
グラニュー糖とキルシュ酒を加え、ホイッパーで直線に泡立てる（※2）。

17 リボン状に落ちるまで泡立てる
ホイッパーですくった時にリボン状に落ち、跡がゆるく残るまで泡立てる。サンド用に¼、表面全体にぬる用に½、絞り用に¼量を目安に分ける。

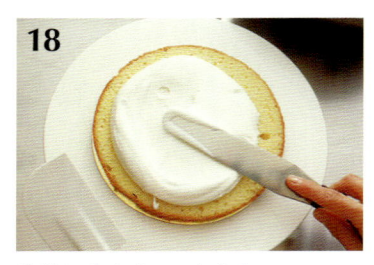

18 生地に生クリームをぬる
回転台にカルトン（台紙）を置き、**14**の生地を1枚のせる。サンド用の生クリームの半量を中央にのせ、回転台を回しながらパレットナイフでぬり広げる。

19 クリームの表面をならす
クリームを全体に広げたら、パレットナイフをねかせて表面にあて、逆の手で台を手前に1回転させてクリームをならす。

20 イチゴを並べる
スライスしたイチゴを外側から放射状に全面に並べる。**18**の要領でサンド用の残りの生クリームをぬり、もう1枚の生地を重ねる。

21 表面全体に生クリームをぬる
表面用の生クリームを中央にのせ、**18**～**19**の要領でぬる。パレットナイフに生クリームを少しとり、生地の側面に上から下へとぬりつける。

22 側面のクリームをならす
パレットナイフを縦にあてて、台を向こうに1回転させて表面をならす。下にたまったクリームは、パレットナイフをあてて台を手前に1回転してはらう。

23 はみ出たクリームをならす
上にはみ出たクリームにパレットナイフをあて、中心に向かってならす。

24 絞り用のクリームを泡立て直す
絞り用の生クリームを氷水にあて、ホイッパーで直線に混ぜて角が立つぐらいの状態にする。

25 生クリームを絞り、イチゴをのせる
星口金をつけた絞り袋に**24**を入れ、8ヵ所に小さな円に絞る。きざんだピスタチオを散らし、中央にジュレにくぐらせたイチゴをのせる。冷蔵庫で冷やす。

◎ビスキュイ・オ・ザマンドのこと

ショートケーキにはきめを細かくした生地を使うのが一般的ですが、提案したいのがこの卵黄とアーモンドの香り豊かな別立て（卵黄と卵白を別に泡立てる）生地。きめは粗いですが、シロップを含ませてもグチャッとしない適度な固さとふくよかな風味が、単調になりがちなショートケーキにもメリハリを与えてくれます。

イチゴのショートケーキのバリエーション
ジュレで仕上げる

表面にジュレをぬって仕上げるデコレーション。
イチゴの味が薄い時にもおすすめです。

◎ジュレの作り方
材料
グラニュー糖……35g
ジャムベース……3g
イチゴを裏漉しした果汁……100g
レモンの搾り汁……13g
水飴……55g

小鍋にグラニュー糖とジャムベースを入れ、よく混ぜる。イチゴの裏漉し果汁とそのほかの材料を入れ、軽く混ぜながら火にかける。ふちのほうが沸騰してきたらアクをとり（**a**）、熱いうちに裏漉しして冷ます。

仕上げる ▶▶▶
1 ケーキの作り方は p72～イチゴのショートケーキ「仕上げる」の**23**まで同じ。表面の生クリームにもイチゴのスライスを外側から円に並べ、刷毛でジュレをたっぷりとぬる（**b**）。

Choux à la Crème
シュークリーム

厚めのさっくりしたシュー皮と、コクのあるカスタードクリーム、
フレッシュな生クリームの組み合わせは、満足感いっぱいのおいしさ。
生地を作る際もハンドミキサーを使えばラクラクです。

材料［約18個分］

◎シュー生地
水……70g
牛乳……70g
バター……56g
グラニュー糖……小さじ½（2.7g）
塩……1g
薄力粉……43g
強力粉……43g
全卵……170g
ぬり卵（p54）……適量

◎カスタードクリーム
［でき上がり約630g。半量でも作れる］
牛乳……400g
バニラ棒……½本
卵黄……120g
グラニュー糖……80g
薄力粉……15g
強力粉……20g
バター……25g

◎仕上げ
生クリーム（乳脂肪分48％）……135g
グラニュー糖……20g
バニラシュガー*……3g
カスタードクリーム……250g
粉糖……適量

*バニラの香りをつけたグラニュー糖（市販）。なければ入れなくてよい。

下準備

◎シュー生地
・バターを細かくきざむ。
・全卵をよくほぐしておく。

◎カスタードクリーム
・バターを細かくきざむ。

◎**おいしく作るポイント** 
※1……カードの作り方。発泡スチロールなどを3×5cmに切り、写真のように下から3cmのところに線を引く。
※2……生地が固いと焼いた時にふくらみが悪く、割れる。柔らかすぎると高さが出ない。
※3……生地を絞る際は、天板から1cmほど上に口金がくるように絞り袋を固定し、そのまま動かさずに絞り出す。最後に力を抜いて小さく円を描くようにするとよい。
※4……ガスオーブンで焼く場合は、オーブンに入れる前に生地に充分に霧吹きをする。
※5……速く混ぜたり、混ぜすぎるとグルテンが必要以上に出て、生地がベタッとなる。
※6……生クリームとカスタードクリームを完全には混ぜないほうが食べた時に変化がついておいしい。

◎**焼き上がりの目安**
ふくらんだ生地の割れ目までしっかり焼き色がつく。焼いている途中にオーブンをあけないこと。

◎**食べごろ**
当日中。食べるまでに時間がある場合は、冷蔵庫に入れる。

シュー生地を作る ▶▶▶

1　粉と全卵以外の材料を火にかける
鍋に水、牛乳、バター、グラニュー糖、塩を入れ、沸騰させる。沸かしすぎは水分量が減るので注意。

2　火からおろし、粉を加える
鍋を火からおろし、粉類を一度に加え、木べらで手早く混ぜて均一な状態にする。

3　中火にかけ、しっかり混ぜる
鍋を中火にかけ、強く混ぜる。生地がひとつにまとまり、鍋底に薄い膜が張ったら火からおろす。

4 生地⅓に全卵¼を加える
3の⅓量をボウルに移し、ほぐした全卵を¼量加え、中速のハンドミキサー（羽根2本）で混ぜる。残りの生地が乾燥しないよう、ぬれ布巾をかけておく。

5 同様に生地と全卵を加え、混ぜる
全体が混ざったら全卵¼量と生地の⅓量を加え、ハンドミキサーで均一になるまで混ぜる。

6 残りの生地と全卵を加える
残りの生地と全卵¼量を加え、同様に混ぜる。均一に混ざったら、さらに30秒間混ぜる。

7 残りの全卵を2回に分けて加える
生地の固さを見ながら残りの卵を2回に分けて加え、そのつど混ぜる。生地の固さによって、卵は少量残る場合もある。

8 生地の固さを確認する
カード（※1）を下から3cmまで入れて手前にすくう。5秒ほどで生地が元にもどればちょうどいい固さ（※2）。

9 天板にしるしをつける
天板にアルミ箔を敷き、バターをぬる。直径5cmのセルクルに薄力粉（分量外）をつけ、間隔をあけてしるしをつける。

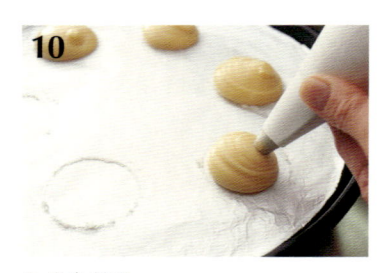

焼く ▶▶▶

10 生地を絞る
10mmの丸口金をつけた絞り袋に生地を入れ、しるしの中に絞る（※3）

11 卵をぬり、オーブンへ
表面にぬり卵をぬり、焼く。
レンジ：190℃で30分
ガス：予熱250℃ → スイッチを切り2分 → 170℃で30分（※4）

12 焼き色がつくまで焼く
オーブンの中の温度が下がると生地がしぼんでしまうので、途中で扉を開けないこと。網に取り出し、完全に冷ます。

カスタードクリームを作る ▶▶▶

13 牛乳、バニラ棒を火にかける
銅ボウルに牛乳とバニラ棒（裂いて種をこそげとる。種とさや両方使う）を入れ、火にかける。沸騰したら火を止め、バニラ棒を取り出す。

14 別に卵黄とグラニュー糖を混ぜる
別のボウルに卵黄とグラニュー糖を入れ、白っぽくなるまでホイッパーで直線に混ぜる。

15 粉を加え、混ぜる
粉類を加え、ゆっくりと円に混ぜる（※5）。粉が見えなくなればよい。

16
13の半量を3回に分けて加える
13を15にレードル1杯加える。ゆっくり円に混ぜ、均一になったらさらに1杯加えて混ぜる。2回行う。

17
残りの13を沸かし、16を加える
残りの13を火にかけ、軽く沸いたら火を止める。16を加えながらホイッパーでゆっくり円に混ぜる。

18
混ぜながら加熱する
強めの中火にかけ、ゆっくり混ぜながら加熱する。部分的にダマができても気にしなくてよい。ボウルが熱いので注意。

19
少し手早く混ぜ、なめらかに
ボウルの周りが固くなり、大きな泡がフツフツと沸いてきたらやや手早く円に混ぜる。あわてて勢いよく混ぜすぎないように。

20
全体が沸いたら15秒混ぜる
沸騰したらさらに15秒間ほど混ぜる。全体が一度固くなったあと、急に柔らかくなる瞬間があるのでそこで手を止める。

21
バターを加え、円に混ぜる
細かく切ったバターを加え、ゆっくり円に30回ほど混ぜる。

仕上げる ▶▶▶

22
氷水にあてて冷ます
別のボウルに移し、氷水にあてて木べらでゆっくり混ぜながら20℃前後まで冷やす。冷蔵庫で保存し、2〜3日中に使い切る。

23
生クリームを泡立てる
生クリームを氷水にあて、角が立つまでホイッパーで直線に混ぜる。グラニュー糖とバニラシュガーを加えて軽く混ぜる。

24
カスタードクリームに1/3量加える
カスタードクリームを木べらで軽くほぐし、23の1/3量を加える。生クリームが見えなくなるまでよく混ぜ込む。

25
残りの23を加える
残りの23を加え、今度は生クリームがマーブル状に残るぐらいに軽く混ぜる（※6）。

26
シュー皮にクリームを詰める
シュー皮に波刃包丁で斜めに切り込みを入れ、スプーンで25をたっぷり詰める。粉糖をふる。

Éclair

エクレール

チョコレートやコーヒーの苦みがきいた、大人っぽい味わい。
アクセントを添える甘い上がけは、エクレールの醍醐味です。

材料［チョコレート、コーヒー各6個分］
シュー生地（p77・※1）……全量

◎チョコレートのエクレール
カスタードクリーム（p77）……215g
製菓用スイートチョコレート……40g
洋生チョコレート（上がけ用）……300g

◎コーヒーのエクレール
カスタードクリーム（p77）……335g
インスタントコーヒー（粉末）……大さじ1
牛乳……大さじ1
上がけ
┌ 粉糖……100g
│ インスタントコーヒー（粉末）……小さじ2
└ 牛乳……小さじ3

下準備
- 13mmの丸口金をつけた絞り袋にシュー生地を入れ、長さ12cmの棒状に12本絞る。シュークリームと同様の温度・時間で焼く。充分に冷ます。
- 製菓用スイートチョコレートを湯煎で溶かす。

◎**おいしく作るポイント**
※1……上がけしやすいよう、シュークリームよりも生地が若干固めになるように卵の量を調整する。

◎**食べごろ**
当日中。食べるまでに時間がある時は冷蔵庫に入れ、室温にもどしてから食べる。

仕上げる ▶▶▶

1 チョコレートの上がけをする
チョコレートのエクレール。洋生チョコレートを湯煎にかけて溶かす。シュー皮を横半分に切り、ふたにするほうの表面をチョコレートに浸し、網にのせて乾かす。

2 チョコレートクリームを作る
カスタードクリームをホイッパーで軽くほぐし、溶かしたスイートチョコレートを加えて混ぜる。

3 シューに絞る
2を13mmの丸口金をつけた絞り袋に入れ、シュー皮（上がけしていないほう）に絞る。上がけしたシュー皮をのせる。

4 コーヒーの上がけをする
コーヒーのエクレール。粉糖と、牛乳で溶いたインスタントコーヒーをホイッパーで混ぜる。1と同じ要領でシュー皮に上がけする。

5 コーヒークリームを作り、絞る
カスタードクリームを軽くほぐし、牛乳で溶いたインスタントコーヒーを加えて木べらで混ぜる。3と同様にシュー皮に絞る。

シュークリームのバリエーション
プロフィットロール

生クリームを詰めたプチシューを積み上げ、
熱々のチョコレートソースをかけます

材料［約3皿分］
シュー生地（p77）……全量
◎仕上げ用
生クリーム……125g
グラニュー糖……25g
バニラシュガー……ふたつまみ
チョコレートソース
　牛乳……30g
　バター……5g
　製菓用スイートチョコレート……40g

1 シュー生地を10mmの丸口金をつけた絞り袋に入れ、直径3cmに絞る。電子レンジオーブンは220℃で20～25分、ガスオーブンは200℃で20～25分焼く（ガスオーブンの場合は生地に霧吹きをする）。網などにのせて充分に冷ます。

2 生クリームを角が立つくらいまでしっかり泡立て、グラニュー糖とバニラシュガーを加え混ぜる。クリームの温度が15～20℃になるようにする。

3 シューの底に箸などで穴をあける。7mmの丸口金で **2** を絞り入れ（**a**）、皿に10個ずつ積み上げる。

4 チョコレートソースを作る。鍋に牛乳とバターを入れて軽く沸騰させ、きざんだチョコレートを加えて混ぜ合わせる（**b**）。

5 熱々の **4** を **3** にかけ、すぐに食べる。

Mont-Blanc
モンブラン

栗の甘露煮を使ってモンブランを作りましょう。
生クリームをたっぷり使った、少しノスタルジックな味わい。
やさしい甘さに心がなごみます。

材料［12個分］

ビスキュイ生地（p72）……全量
シロップ
- 水……70g
- グラニュー糖……25g
- ダークラム酒……10g

◎クリーム＊
- 生クリーム……290g
- グラニュー糖……44g
- バニラシュガー＊……9g

◎中のクリーム
- クリーム……150g
- 栗の甘露煮……80g

◎栗のクリーム
- クリーム……60g
- ダークラム酒＊……8g
- 栗の甘露煮……200g

◎飾り用
粉糖……適量
栗の甘露煮……26g

＊クリームは、でき上がり量から150gは中のクリーム、60gは栗のクリーム、残りは仕上げ用に使う。
＊バニラシュガーは市販。なければ入れなくてよい。
＊ラム酒はさとうきびを原料とする蒸留酒。ダークラム酒はラム酒の中でも濃厚なタイプで、菓子の味に深みと余韻を与える。

下準備

- 18cm角のキャドル（または角型）に紙を敷く。写真のように角に合わせて切り込みを入れた紙を使うとよい。
- シロップを作る。水とグラニュー糖を混ぜて火にかけ、沸騰したら火を止める。冷めたらダークラム酒を加え混ぜる。
- 栗の甘露煮はそれぞれシロップをきり、中のクリーム用は7mm角にきざみ、栗のクリーム用は裏漉しする。飾り用は1個を6等分に切る。冷蔵庫で冷やしておく。

◎おいしく作るポイント
※1……生地の両端にはクリームを厚めにぬっておく。
※2……クリームはスプーンでぽってりのせてもいい。
※3……栗の割合が多く、固めのクリームなので力を入れて絞り出す。

◎焼き上がりの目安
一度大きくふくらんだあと表面が沈み、焼き色が充分につき、型の内側に3〜5mm焼き縮む。

◎食べごろ
当日〜3日後。
冷蔵庫で保存する。

ビスキュイ生地を焼く ▶▶▶

1　生地を型に流し、焼く
ビスキュイ生地を型に流し、焼く。途中で前後を入れ替える。
レンジ：170℃で40〜45分
ガス：160℃で40〜45分

仕上げる ▶▶▶

2　生地をスライスする
逆さにして冷ました生地の焼き面を上にして焼き色部分を切り落とす。逆さにして底面を上にし、高さ8mmの板をあて、波刃包丁で厚さ8mmに3枚スライスする。

3　シロップをぬる
3枚のうち1枚を2等分し、写真のように残り2枚と組み合わせて紙にのせる。シロップをぬり、厚さの1/4ほど表裏にしみ込ませる。

4 生地に切り込みを入れる
巻きやすくするため、生地の手前3cmに3〜4mm間隔で浅く切り込みを入れる。冷蔵庫で冷やしておく。

5 生クリームを泡立てる
生クリームを氷水にあて、ハンドミキサー（羽根2本）ではじめは低速で、とろみがついたら高速で角が立つまで泡立てる。グラニュー糖とバニラシュガーを加え混ぜる。

6 生地に5をぬり、栗を散らす
固く絞ったふきんに紙ごと生地をのせ、5のクリームを1本につき75gずつパレットナイフで薄くぬる。全体にきざんだ栗を散らす（※1）。

7 手前から巻く
切り込みを入れた部分を少し強めに巻いて芯とし、紙を持ち上げながら巻く。巻き終わりを下にして冷蔵庫で30分冷やす。

8 栗のクリームを作る
5のクリーム60gにダークラム酒を混ぜる。裏漉しした栗の甘露煮に加え、木べらで混ぜる。

9 7を切り分ける
7の紙をはずし、1本6個に切り分ける。切り口を上下にしてアルミケースにのせる。

10 生クリームを絞る
残りの5を再度泡立て直し、13mmの丸口金をつけた絞り袋に入れて9の中央に絞る（※2）。

11 栗のクリームを絞る
モンブラン用の口金をつけた絞り袋に8のクリームを入れ、10の上に絞る（※3）。仕上げに粉糖をふり、栗の甘露煮を飾る。

モンブランのバリエーション
ガトー・マロン
栗にミルキーなホワイトチョコレートがよく合います。
宝石箱のようにかわいらしく仕立てました。

材料[18cm角のキャドルまたは角型1台分]
ビスキュイ生地（p72）……全量
シロップ
［水……30g
　グラニュー糖……10g
　ダークラム酒……5g］

◎栗のクリーム
［栗の甘露煮……110g
　牛乳……40g
　ダークラム酒……大さじ½
　バニラシュガー*……小さじ½
　生クリーム……270g
　製菓用ホワイトチョコレート……90g］
生クリーム（飾り用）……230g
グラニュー糖……25g
栗の甘露煮（飾り用）……80g
製菓用ホワイトチョコレート（飾り用）……適量
*市販。なければ入れなくてよい。

下準備
- ビスキュイ生地をp84「ビスキュイ生地を焼く」**1**と同じ要領で焼く。
- シロップを作る。水とグラニュー糖を混ぜて火にかけ、沸騰したら火を止める。冷めたら、ダークラム酒を加え混ぜる。
- 栗の甘露煮のシロップをきり、クリーム用の110gは裏漉しし、飾り用の80gは7mm角にきざむ。冷蔵庫で冷やしておく。
- 栗のクリーム用の生クリーム270gと、飾り用の生クリーム230gをそれぞれ氷水にあて、ハンドミキサーでしっかり泡立てる。
- 製菓用ホワイトチョコレート（飾り用）を、p93の要領で削ってコポーを作る。

仕上げる ▶▶▶

1 生地をスライスし、シロップをぬる
ビスキュイ生地を厚さ1.2cmに2枚スライスする。シロップを刷毛でぬり、冷蔵庫で冷やしておく。

2 栗のクリームを作る
裏漉しした栗の甘露煮に牛乳を少しずつ加えながらゴムべらで混ぜる（**a**）。ダークラム酒、バニラシュガー、泡立てた生クリームを順に加え、ホイッパーで混ぜる。

3 溶かしたホワイトチョコレートを加える
ホワイトチョコレートをきざみ、ボウルに入れて40〜50℃の湯煎で溶かす。溶けたら湯煎の温度を上げ、チョコレートを80℃にする。**2**に加え、ホイッパーで混ぜる（**b**）。

4 組み立てる
バットにキャドルをのせ、スライスしたビスキュイ生地を1枚敷く。**3**のクリームを半量入れ、表面を平らにならす（**c**）。残りの生地、クリームの順に入れて同様にし、冷蔵庫で2時間ほど冷やし固める。

5 型をはずし、切り分ける
4をキャドルからはずし、4.5cm角に切り分ける。

6 生クリームを絞り、ホワイトチョコレートを飾る
泡立てた飾り用の生クリームにグラニュー糖を加え混ぜる。7mmの丸口金に入れ、**5**の表面をふちどるように絞る。角切りにした栗の甘露煮を散らし、ホワイトチョコレートのコポーをのせる。冷蔵庫に入れ、翌日までに食べる。

a

b

c

Rouleau à l'Orange
オレンジのロールケーキ

オレンジのさわやかな風味のバタークリームを巻いた、ひと味違うロールケーキです。
口の中ですっと溶けるバタークリームのおいしさを知ってください。

材料[2台分]

ビスキュイ生地(p72)……全量

◎オレンジ風味のバタークリーム
バタークリーム
- 卵黄……48g
- シロップ
  - グラニュー糖……120g
  - 水……48g
- バター……240g
- バニラエッセンス……7滴

オレンジの皮(すりおろす)*……1個分
グラニュー糖……小さじ2/3 (2.7g)
オレンジキュラソー*……小さじ2 1/2 (12.5g)

◎仕上げ用
シロップ
- 水……50g
- グラニュー糖……40g
- オレンジキュラソー*……15g

スライスアーモンド……100g
粉糖　適量

*オレンジの皮とグラニュー糖の代わりにオレンジコンパウンド24gでもよい。
*オレンジキュラソー(アルコール40°)はオレンジ果皮の香りをつけた蒸留酒。菓子にオレンジのフレッシュ感とキレを出す。

下準備

- ビスキュイ生地を、紙を敷いた18cm角のキャドル(または角型)に流し、p84「ビスキュイ生地を焼く」1の要領で焼く。
- バタークリーム用のバターを薄く切ってボウルに広げ、室温(25℃くらい)で柔らかくする。木べらで柔らかいポマード状に練る(※1)。
- 仕上げ用シロップを作る。水とグラニュー糖を混ぜて沸騰させ、火を止める。冷めたらオレンジキュラソーを加える。
- スライスアーモンドを天板に広げ、軽く焼き色がつくまで焼く(電子レンジオーブンは180～190℃で12～13分、ガスオーブンは180℃で10～12分)。

◎おいしく作るポイント
※1……バターが固いと分離しやすいので注意。
※2……手早く混ぜないと卵黄が固まってしまう。
※3……冷やしすぎるとバターと合わせた時に分離する。
※4……口溶けが悪く、風味も弱まるので、バターは混ぜるだけにして泡立てない。

◎食べごろ
当日～3日後。冷蔵庫で保存し、食べる時に室温にもどす。

オレンジ風味のバタークリームを作る ▶▶▶

1 卵黄をほぐす
卵黄をホイッパーで直線に混ぜ、白っぽくなるまで充分にほぐす。

2 グラニュー糖と水を火にかける
小鍋でグラニュー糖と水をよく混ぜる。水でぬらした刷毛で鍋肌についた砂糖をはらい、中火にかける。沸いたら再度混ぜ、刷毛で鍋肌についた砂糖をはらう。

3 117℃まで煮詰める
温度計(200℃まで計れるもの)を鍋底につけ、112～113℃になったら弱火にして117℃まで煮詰める。

4 シロップを 1 に加える
117℃になったら写真のように少しずつ 1 に加えながら、ホイッパーで手早く円に混ぜる（※2）。裏漉しして別のボウルに移す。

5 ハンドミキサーで泡立てる
ハンドミキサー（羽根1本を左側につける）で高速で2分泡立てる。中速に落とし、さらに1分泡立てる。すくうとリボン状に落ちてゆるく重なる状態に。

6 氷水にあてて冷ます
5 を氷水にあて、中速で30秒～1分ほど泡立てながら冷ます。冷ます温度は夏は20℃、冬は30℃が目安（※3）。

7 バターを1/3量加える
ポマード状にしたバターの1/3量を加え、中速で20秒ほど逆方向に円に混ぜ、バターを混ぜ込む。最初は少し分離する。

8 残りのバターを加え混ぜる
残りのバターを2回に分けて加え、そのつど 7 の要領で混ぜる（※4）。なめらかでクリーミーになる。ゴムべらでボウルの内側をはらい、しっかり混ぜる。

9 バニラエッセンスを加える
はっきり香りを感じるまでバニラエッセンスを加え、中速で20秒混ぜる。白くふっくら、クリーミーな状態に。

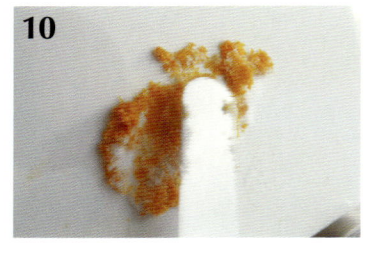

仕上げる ▶▶▶

10 オレンジの皮の香りを出す
まな板にオレンジの皮のすりおろしとグラニュー糖をのせ、パレットナイフで水分が出るまですり合わせて香りを出す。

11 10 とオレンジキュラソーを加える
9 に 10 とオレンジキュラソーを加え、ホイッパーでよく混ぜる。

12 生地をスライスする
ビスキュイ生地の焼き面を上にして焼き色部分を切り落とす。逆さにして底面を上にし、高さ1.2cmの板をあて、波刃包丁で厚さ1.2cmに3枚スライスする。

13 シロップをぬる
3枚のうち1枚を2等分し、写真のように組み合わせて紙にのせる。シロップをぬり、厚さの1/4ほど表裏にしみ込ませる。

14 生地に切り込みを入れる
巻きやすくするため、生地の手前3cmに5mm間隔で浅く切り込みを入れる。

15 バタークリームを薄くぬる
バタークリームのうち200gを取り分け、パレットナイフで生地に1本につき100gずつ薄くぬる。両端は少し厚めに。

16 手前から巻く
切り込みを入れた部分を少し強めに巻いて芯とし、紙を持ち上げながら巻く。

17 冷蔵庫で冷やし、落ち着かせる
巻き終わりを下にして冷蔵庫に15〜20分入れ、クリームを少し冷やし固めて全体を落ち着かせる。

18 表面にバタークリームをぬる
残りのバタークリームを、表面全体にパレットナイフで薄くぬる。

19 アーモンドをまぶし、粉糖をふる
ケーキを持ち上げ、ローストしたアーモンドをカードや手でまぶしつける。冷蔵庫で冷やし固め、粉糖をふる。

◎厚焼き生地をロールケーキに

薄焼きの生地をロールケーキに仕立てると、焼き面の割合が多いため口あたりが固くなりがち。その点、厚く焼いた生地をスライスして使えば、生地の状態がいいのでおいしいロールケーキができます。一度に2台作れるのも魅力です。ビスキュイ生地を使うのは、生地自体にしっかりとした味わいがあるため。味がしっかりしたバタークリームとのバランスがいいのです。

Forêt-Noir
フォレ・ノワール

羽根のように薄く削ったチョコレートの香りが主張的な、
軽やかでやさしい味のチョコレートケーキ。
オレンジのさわやかな香りがアクセント。

材料 [18cm角のキャドルまたは角型1台分]

◎オレンジ風味のジェノワーズ生地
全卵……174g
オレンジの皮（すりおろす）……1個分
レモンの皮（すりおろす）……⅔個分
グラニュー糖……86g
薄力粉……41g
強力粉……18g
コーンスターチ……29g
溶かしバター……29g
オレンジコンパウンド……6g

◎仕上げ用
シロップ
┌ 水……50g
│ グラニュー糖……10g
│ オレンジキュラソー（アルコール40°）
└   ……30g
チョコレートクリーム
┌ 生クリーム……127g
└ 製菓用スイートチョコレート……67g
オレンジ風味のクリーム
┌ 生クリーム……130g
│ オレンジの皮（すりおろす）……½個分
└ グラニュー糖……10g
製菓用スイートチョコレート（コポー用）……適量
粉糖……適量

＊ジェノワーズ生地のオレンジの皮の代わりにオレンジコンパウンドを21gに増やしてもよい。

下準備

- 薄力粉、強力粉、コーンスターチを合わせてふるう。
- 溶かしバターは使う直前に約40℃に温める。
- キャドル（または角型）の底と側面に紙を敷く（p84）。
- シロップを作る。水とグラニュー糖を混ぜて沸騰させ、火を止める。冷めたらオレンジキュラソーを加え混ぜる。
- チョコレートクリーム用の製菓用スイートチョコレートをきざみ、湯煎で溶かす。
- チョコレートのコポーを作る。チョコレートを爪を立てると固めに入るくらいの状態にし、ペティナイフで薄く削る（a・b）。冷蔵庫で冷やす。

a　　**b**

◎おいしく作るポイント
※1……加熱により卵が泡立ちやすくなる。正確に40℃まで加熱すること。
※2……シロップを霧吹きするのは、生地のきめが粗く、刷毛でぬると崩れやすいため。
※3……生クリームが冷たすぎるとダマができるので注意。

◎焼き上がりの目安
大きくふくらんだ生地がほぼ平らになり、型の内側に3〜5mm焼き縮む。

◎食べごろ
当日〜3日後。
冷蔵庫で保存する。

ジェノワーズ生地を作る ▶▶▶

1　全卵を温めながら混ぜる
ボウルに全卵、オレンジとレモンの皮のすりおろし、グラニュー糖を入れ、弱火にかけてホイッパーで混ぜながら加熱する。

2　ハンドミキサーで泡立てる
40℃になったら火からおろし、ハンドミキサー（羽根2本）で高速で4分泡立てる（※1）。羽根の跡がへこみ、底が見えるくらいにしっかり泡立てる。

3　粉を少しずつ混ぜる
粉類をスプーン2杯ほど散らすように加え、羽根1本でゆっくり円に混ぜる。また2杯ほど粉を加えて、同様に混ぜる。

4 生地の上下を返す
生地を別のボウルに移し、上下を返す。残りの粉を2回に分けて加え、そのつど円に混ぜる。

5 溶かしバターを加える
粉がおよそ混ざったら、約40℃の溶かしバターとオレンジコンパウンドを2回に分けて加え、そのつど円に混ぜる。バターが見えなくなったら、さらに4回混ぜる。

6 混ぜ終わった生地の状態
生地を羽根ですくった時に、リボン状に落ちてゆるく跡が残るぐらいになる。

焼く ▶▶▶

7 型に流して焼く
生地をなるべく低い位置から型に静かに流し、焼く。
レンジ：170℃で35分
ガス：160℃で35分

8 逆さにして冷ます
紙と網をかぶせて逆さにし、型をはずして冷ます。逆さにするのは、上下のきめを揃えるため。

仕上げる ▶▶▶

9 ジェノワーズをスライスする
生地の焼き面を上にして焼き色部分を切り落とす。逆さにして底面を上にし、高さ8mmの板をあて、波刃包丁で厚さ8mmに4枚スライスする。

10 シロップを吹きかける
4枚の生地の両面に、霧吹きでシロップを吹きかける。15分ほど冷蔵庫で冷やす（※2）。

11 生クリームを泡立てる
チョコレートクリームを作る。生クリームに氷水をあて、ハンドミキサー（羽根2本）で高速で泡立てる。生クリームの温度を約10℃にする。

12 溶かしたチョコレートを加える
湯煎の温度を上げてチョコレートを65℃にし、11に加えながらホイッパーで円に混ぜる（※3）。

13 底からすくうように混ぜる
途中から、底からすくい上げるようにして手早く均一に混ぜる。口溶けが悪くなるので混ぜすぎないこと。

14 オレンジ風味のクリームを作る
11と同様に生クリームを泡立てる。オレンジの皮と少量のグラニュー糖（分量外）をパレットナイフですり合わせて加え、グラニュー糖10gも加えて氷水にあてて混ぜる。

15 チョコレートクリームを絞る
冷やした生地を2枚並べ、片方にカルトン（台紙）を敷く。15mm幅の平口金をつけた絞り袋にチョコレートクリームを入れ、2枚の表面に薄く絞る。

16 クリームの表面をならす
絞り終えたら、パレットナイフでチョコレートクリームの表面を軽くならす。

17 オレンジ風味のクリームを絞る
カルトンを敷いた生地のクリームの上に生地を1枚重ね、15mm幅の平口金をつけた絞り袋でオレンジ風味のクリームを絞り、パレットナイフで軽くならす。

18 生地を重ねる
カルトンを敷いていないほうの16の生地を17にのせ、残りの生地を重ねる。その表面にオレンジ風味のクリームを絞り、軽くならす。

19 形を整える
30分ほど冷蔵庫に入れて冷やし固める。4面を波刃包丁で切り落として形を整える。

20 コポーをのせ、粉糖をふる
表面にチョコレートのコポーをのせる。写真のように側面に定規などをあてると、こぼれず作業しやすい。仕上げに粉糖をふる。

◎ ジェノワーズのこと

ジェノワーズは卵黄と卵白を一緒に泡立てて作るスポンジ生地（共立て生地）のこと。柔らかくてきめが細かいのが特徴ですが、ここではケーキに合わせてきめが粗く、ほろっとした軽さのものに仕立てました。ひと口にジェノワーズと言っても、微妙な配合や作り方の違いでさまざまなタイプを作ることができます。

Cream Cheese Cake
レアチーズケーキ

さわやかなチーズクリームがおいしいケーキ。
生地のサクサク感が心地よく、甘酸っぱいジャムが全体の味わいを引き締めます。

材料［直径18cmのジェノワーズ型*1台分］

シュクレ生地（p52）……200g

◎チーズクリーム
クリームチーズ……180g
卵黄……20g
プレーンヨーグルト……30g
グラニュー糖……70g
バニラエッセンス……7滴
レモンエッセンス*……箸の先3滴
レモンの皮（すりおろす）……1個分
粉ゼラチン……5g
冷水……30g
レモンの搾り汁……25g
生クリーム……185g

◎仕上げ用
フランボワーズジャム*（※1）……70g
生クリーム……100g
グラニュー糖……10g

*ジェノワーズ型は底が抜けるタイプを使用。
*レモンエッセンスはなければ使わなくてよい。
*フランボワーズジャムの代わりにイチゴジャム（なるべく酸味の強いもの）でも可。

下準備

- クリームチーズを薄く切ってボウルに広げ、室温で柔らかくする。
- レモンの皮のすりおろしとグラニュー糖小さじ1（分量外）をパレットナイフで水分が出るまですり合わせ、香りを出す。
- 粉ゼラチンに冷水をふり、ふやかす。
- 型にラップ紙を敷く。

◎おいしく作るポイント

※1……フランボワーズジャムの作り方。冷凍フランボワーズ50gを解凍し、よく混ぜたグラニュー糖50gとジャムベース1g、フランボワーズペパン（種）10gと一緒に鍋に入れて混ぜる。中火にかけ、アクをとりながら75gになるまで煮詰める。水飴5gを加え、冷ます。

◎焼き上がりの目安
シュクレ生地は全体に薄めの焼き色がつく。

◎食べごろ
冷蔵庫に入れて30分後〜翌日中。冷蔵庫で保存。

シュクレ生地を焼く ▶▶▶

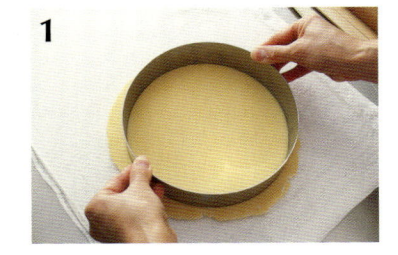

1　生地をのばし、セルクルで抜く
シュクレ生地に打ち粉（分量外）をし、めん棒で厚さ3mmにのばし、直径18cmのセルクルで抜く。霧を吹いたオーブンシートにのせて冷蔵庫で10分冷やす。

2　オーブンで焼く
レンジ：190℃で10分
ガス：180℃で10分
網に取り出し、冷ます。

チーズクリームを作る ▶▶▶

3　クリームチーズに卵黄を加える
クリームチーズを木べらで練る。ほぐした卵黄を一度に加え、ハンドミキサー（羽根2本）で低速で混ぜる。

4 ヨーグルトとグラニュー糖を加える
ヨーグルト、グラニュー糖を順に加え、そのつど中速で混ぜる。バニラエッセンスも加え、同様に混ぜる。

5 レモンの香りを加える
レモンエッセンスを箸の先につけて振り入れる。グラニュー糖とすり合わせたレモンの皮を加え、中速で混ぜる。

6 ゼラチンを加え、手早く混ぜる
ゼラチンを湯煎で約50℃に温め、レモン汁を加えて混ぜる。5に加えながら高速で手早く混ぜる。19℃まで冷やす。

仕上げる ▶▶▶

7 生クリームを加え、混ぜる
生クリームを角が立つまで泡立てる。6に2回に分けて加え、そのつどホイッパーで底からすくうように手早く混ぜてから、円に30回ほど混ぜる。

8 型に流し、冷やし固める
底にラップ紙を貼った型にチーズクリームを流し、表面を平らにならす。冷蔵庫で3時間ほど冷やし固める。

9 シュクレ生地にジャムをぬる
回転台にカルトン（台紙）を置いてシュクレ生地をのせ、フランボワーズジャムをパレットナイフでぬる。

10 クリームチーズにのせる
冷やしたクリームチーズを型からはずし、9をジャムの面を下にしてのせる。上下を返して回転台にのせ、ラップ紙をはがす。

11 表面に生クリームをぬる
生クリームにグラニュー糖を加えて泡立て、10の表面と側面にぬる（p74参照）。残りの生クリームを表面にのせ、ぬり広げる。

12 模様をつける
パレットナイフで表面の生クリームをペタペタ叩くようにして角を出し、模様を作る。冷蔵庫で30分以上冷やし固める。

Mille-Feuille aux Fraises
イチゴのミルフイユ

しっかりした歯ざわりの香ばしいパイ生地と、
その存在感に負けないようバターのコクをきかせたカスタードクリーム。
力強い味わいが口の中にあふれます。

材料 [18×8.5cm、1台分]

パイ生地（p44・※1）
……½パトンから必要量を使用

◎バター風味のカスタードクリーム＊
カスタードクリーム
- 牛乳……240g
- バニラ棒……⅓本
- 卵黄……70g
- グラニュー糖……50g
- 薄力粉……9g
- 強力粉……12g
- バター……15g

バター……38g

＊でき上がり量約400gのうち、280gを使用。

◎仕上げ用
イチゴ……中約16個

下準備
- カスタードクリームのバター38gは室温で柔らかくし、木べらでポマード状に練る。
- イチゴのヘタを取り、6個（飾り用）を残して厚さ7mmに切る。
- オーブンと天板2枚を予熱する。

◎おいしく作るポイント
※1……パイ生地のバターを発酵バターにすると、深みのある味と香りが出て生地の存在感を高める。
※2……生地のグルテンをゆるませることで、焼き縮みを防ぐ。
※3……途中でパイ生地に天板をのせるのは、生地のふくらみを押さえて層を密にし、しっかりした歯ざわりをもたせるため。この天板も予熱しておく。
※4……粉糖をふって焼くことでパリッとした香ばしさを出す。防湿にもなる。
※5……生地とクリームを重ねる仕上げは食べる直前に。ミルフイユの醍醐味を味わうために大事なこと。

◎焼き上がりの目安
表面にふった粉糖がカラメル化してパリッとし、濃い焼き色がつく。

◎食べごろ
当日中。作ってすぐがベスト。パイ生地が湿気ないうちに食べる。

バター風味のカスタードクリームを作る ▶▶▶

1 カスタードクリームを作る
p78「カスタードクリームを作る」1～10の要領で作る。別のボウルに移して氷水にあて、混ぜながら約25℃に冷やす。

2 バターを加える
ポマード状に練ったバター38gを2回に分けて加え、よく混ぜ込む。冷蔵庫で保存し、2～3日中に使い切る。

成形する ▶▶▶

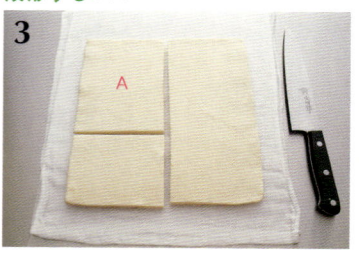

3 パイ生地を切り取る
生地の層の面が手前と奥になるように置き、めん棒で25cm角にのばす。縦半分に切り、そのうち片方を16×12.5cmに切り取る（Aの部分）。

4 生地をのばし、ピケする

Aの生地を約34×21cmにのばし、一度生地を持ち上げてたるませる（※2）。細かくピケし、33×20cmに切り整える。それを11×20cmに3等分し、冷蔵庫で1時間休ませる。

焼く ▶▶▶

5 焼き、途中で天板をのせる

生地をすぐに天板にのせ、オーブンへ。途中で天板を1枚のせる（※3）。
レンジ：250℃で3〜4分→天板をのせて210℃で9分
ガス：230℃で3〜4分→天板をのせて190℃で9分

6 生地を裏返し、粉糖をふる

生地を取り出して裏返し、粉糖をふってさらに焼く（※4）。
レンジ：270℃で2分
ガス：250℃で2分

仕上げる ▶▶▶

7 網にのせて冷ます

粉糖が溶けてパリッとしたらオーブンから取り出し、網にのせて冷ます。残り2枚も同様に焼く。

8 周りを切り整える

パイ生地の周りを切り落として18×8.5cmに整える。

9 カスタードクリームを絞る

10mm幅の平口金をつけた絞り袋にバター風味のカスタードクリームを入れ、パイ生地1枚に薄く絞る。スライスしたイチゴを全面に並べる。

10 イチゴ、クリーム、生地を重ねる

イチゴの上からクリームを薄く絞り、パイ生地を1枚のせる。同様にクリーム→イチゴ→クリームの順に重ね、残りの生地をのせ、イチゴを飾る（※5）。

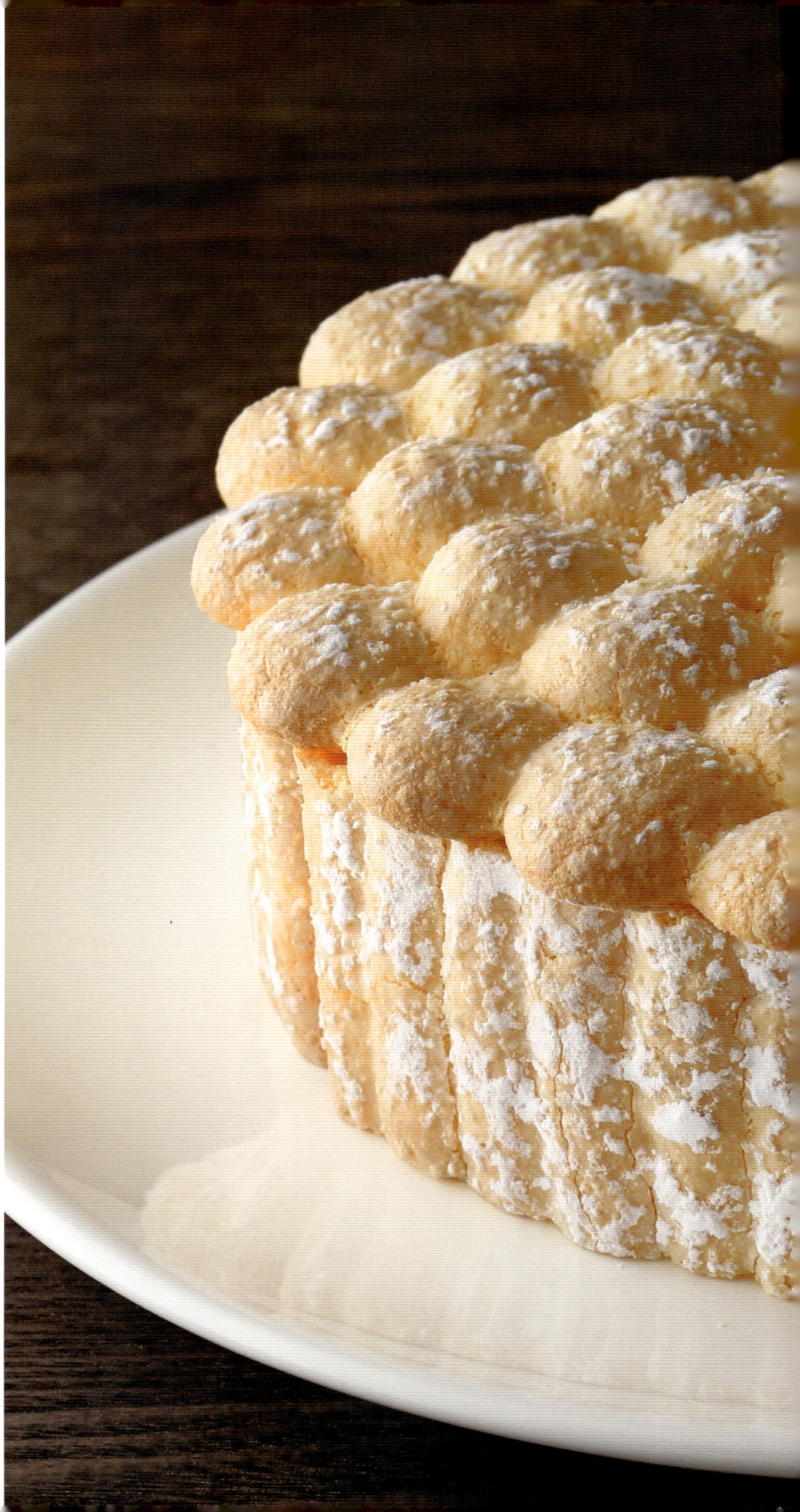

Charlotte aux Poires
シャルロット・オ・ポワール

さっくりしたビスキュイと、洋梨の香り高くふくよかな味わいのババロワ。
インパクトがありながら限りなくやさしい味が、このケーキの真骨頂です。

材料 [直径18cmのセルクル1台分]

◎ビスキュイ・ア・ラ・キュイエール
卵黄……80g
グラニュー糖……70g
メレンゲ
├ 卵白……130g
└ グラニュー糖……55g
薄力粉……65g
強力粉……65g
粉糖……適量

◎シロップ
水……50g
グラニュー糖……15g
ウィリアム・ポワール *……20g
*洋梨(ウィリアムス種)のリキュール。

◎洋梨のババロワ
卵黄……75g
グラニュー糖……35g
スキムミルク……10g
洋梨(缶詰*)……60g
洋梨のシロップ *……180g
バニラ棒……1/6本
粉ゼラチン……5g
冷水……30g
ウィリアム・ポワール……15g
生クリーム……200g
*洋梨の缶詰は味がしっかりしている
ヨーロッパ産がおすすめ。
*洋梨のシロップは缶詰の漬け汁を使用。

◎仕上げ用
洋梨(缶詰/半割のもの)……3～4個

下準備

- 18cm角の天板にバター(分量外)をぬり、紙を敷く。
- 直径18cmの円を書いた紙、直径16cmの円を書いた紙を用意する。
- シロップを作る。水とグラニュー糖を混ぜて沸騰させ、火を止める。冷めたらウィリアム・ポワールを加え混ぜる。
- 粉ゼラチンに冷水をふり、ふやかす。
- ババロワ用の洋梨の缶詰の果肉とシロップをミキサーにかけ、裏漉しする。
- 生クリームを泡立てておく。
- 仕上げ用の洋梨を5mm幅に切り、冷蔵庫で冷やす。

◎**おいしく作るポイント**
※1……このあとほかの材料を加えても泡が消えにくいよう、しっかりしたメレンゲを作る。
※2……メレンゲの泡がつぶれないよう、ゆっくり混ぜる。必要以上に混ぜすぎない。
※3……粉糖をふることで皮膜を作る。見栄えがよくなり、シャリッとした歯ざわりが生まれる。
※4……口金を軽く紙につけながら絞るとよい。
※5……スキムミルクを加えることで、洋梨のババロワにミルクのコクや味わいを補う。

◎**焼き上がりの目安**
表面、底ともキツネ色になる。シロップやババロワの水分がしみ込んでもグチャッとしないように充分に焼く。

◎**食べごろ**
当日～翌日中。
冷蔵庫で保存する。

ビスキュイ・ア・ラ・キュイエールを作る ▶▶▶

1 卵黄とグラニュー糖を泡立てる
卵黄をハンドミキサー（羽根1本）の中速で5秒ほどほぐし、グラニュー糖を加えて高速で2分泡立てる。羽根ですくうとリボン状に落ちて跡が残るくらいになる。

2 メレンゲを作る
別に卵白とグラニュー糖のうち30gを、ハンドミキサー（羽根2本）で中速で1分、高速にして3分混ぜる。残りのグラニュー糖を加えて1分泡立てる（※1）。

3 1と2を円に混ぜる
2に1を一度に静かに入れ、羽根でゆっくり円に混ぜる。

4 粉をスプーン2杯加える
半分ほど混ざったら、粉類をスプーン2杯ほど散らすように加え、円に混ぜる（※2）。

5 残りの粉を加え、混ぜる
8割がた混ざったら再度スプーン2杯ほど粉を加え、同様に混ぜる。別のボウルに移し、生地の上下を返す。残りの粉を2回に分けて加え、混ぜる。

6 ゴムべらでボウルの内側をはらう
粉がおよそ見えなくなったらゴムべらでボウルの内側をはらい、最後に4回ほど円に混ぜる。羽根ですくった時にぽってりとふくらみを保つぐらいがよい状態。

7 シャルロットのふたを絞る
10mmの丸口金をつけた絞り袋に生地を入れる。ふた（シャポー）用は、18cmの円の内側に隙間をあけないように外側から絞っていく。

8 粉糖を2回ふる
表面が隠れるぐらいに粉糖をふり、5分ほどおいて再度粉糖をふる（※3）。

9 シャルロットの底を絞る
底用は、16cmの円の内側に中心から生地をうず巻き状に絞る。8と同様に粉糖をふる。

10 シャルロットの側面を絞る
サイド用は、18cm角の天板に隙間があかないように直線に絞っていく（※4）。太さは丸口金より少し太めに。8と同様に粉糖をふる。

焼く ▶▶▶

11 生地を焼く
レンジ：190℃
ガス：180℃
シャポー用は上段で13〜14分、底用は下段で12分、サイド用は13分焼く。

12 網にのせて冷ます
焼き上がった生地を紙ごと網にのせ、冷ます。

組み立てる ▶▶▶

13 サイド用の生地を切り分ける
サイド用のビスキュイの紙をはがし、端を切り落とす。絞った線に対して直角に5cm幅に3枚切る。

14 シロップをぬる
13を裏返し、2枚にシロップを刷毛でぬる。生地の半分ぐらいまでしみ込むようにたっぷりとぬる。

15 セルクルの周りに立てる
セルクルに沿って立て、足りないぶんを残り1枚で調整し、1cmほど長めに切る。シロップをぬり、側面に立てる。

16 底用の生地にシロップをぬる
底用のビスキュイの紙をはがし、セルクルの底にぴったり入るよう周りを切り落とす。裏面にシロップをぬり、その面を上にしてセルクルに敷く。冷凍庫で冷やす。

17 シャポー用の生地にシロップをぬる
シャポー用のビスキュイの紙をはがし、裏面にシロップをぬる。裏返し、冷蔵庫で冷やす。

洋梨のババロワを作る ▶▶▶

18 卵黄とグラニュー糖を混ぜる
卵黄とグラニュー糖を白っぽくなるまでホイッパーで直線に混ぜる。耐熱性ガラスボウルを使うと、熱が柔らかく伝わってなめらかに仕上がる。

19 スキムミルクを加える
スキムミルクを加えて混ぜる。この時点では溶かさなくてよい（※5）。

20 洋梨とバニラ棒を加熱する
裏漉しした洋梨のシロップと果肉、バニラ棒（裂いて種をこそげ取る）をさやごと小鍋に入れ、弱火で80℃まで加熱する。

21 シロップを19に加える
シロップの1/3量を、19に少しずつ加えながらホイッパーで円によく混ぜる。残りのシロップも少しずつ加え、手早く円に混ぜる。

22 80℃まで加熱する
コンロに金網と石綿金網を重ねてのせ、21をごく弱火にかける。ホイッパーで底を混ぜながら、80℃まで加熱する。

23 ゼラチンを加え、よく混ぜる
すぐに火からおろし、ふやかしたゼラチンを加えてよく混ぜる。

24 裏漉しし、冷ます
裏漉ししてボウルに移し、氷水にあてて混ぜながら40℃まで冷ます。

25 ウィリアム・ポワールを加える
ウィリアム・ポワールを加えて再度氷水にあて、ボウルの底をホイッパーでこするように手早く混ぜながら18℃まで冷やす。

26 生クリームを加える
泡立てた生クリームをひとすくい加えて円に混ぜ、およそ混ざったら底からすくい上げるように混ぜる。残りの生クリームを2回に分けて加え、そのつど同様に混ぜる。

27 ババロワ生地の上下を返す
生クリームを泡立てたボウルに **26** を移し、生地の上下を返す。氷水にあて、ホイッパーを立てて均一になるまで混ぜる。

仕上げる ▶▶▶

28 生地を敷いた型にババロワを流す
冷やしておいた **16** のセルクルの1/3の高さまで、ババロワの生地を流し入れる。表面を平らにならす。

29 洋梨のスライスを敷き詰める
冷やしておいた洋梨のスライスをまんべんなく敷き詰める。その上からババロワを高さ2/3まで流し入れ、表面をならす。

30 ババロワをいっぱいに流す
再び洋梨のスライスをまんべんなく並べ、残りのババロワをビスキュイのふちより少し高くなるくらいまで流し入れる。

31 シャポー用の生地をのせる
シャポー用のビスキュイをのせて軽く押さえ、冷蔵庫で3時間ほど冷やし固める。

◎ビスキュイ・ア・ラ・キュイエールのこと

ビスキュイは卵黄と卵白を別に泡立てて作るスポンジ生地（別立て生地）のこと。ビスキュイ・ア・ラ・キュイエールはこれを細長く絞り、粉糖をふって焼いたものです。特徴はさっくりした食感。しっかり固いメレンゲを作り、泡を消さないように混ぜること、そして充分に焼くことがポイントです。粉糖をふることで表面がシャリッとし、食感の落差も楽しめます。

Blanc-Manger
ブラン・マンジェ

ようやく形を保つぐらいの柔らかさ。
やさしい舌ざわりとともにアーモンドとミルクの豊かな味わいが広がる、
イル・プルー自慢のレシピです。

材料
[口径6.5cm×高さ4cmのプリン型8個分]

◎ブラン・マンジェ
牛乳……380g
水……75g
スライスアーモンド*……150g
グラニュー糖……120g
サワークリーム……35g
粉ゼラチン……5g
冷水……30g
牛乳……適量
キルシュ酒……15g
生クリーム……75g
*新鮮なものを使う。

◎ソース
アングレーズソース
  卵黄……30g
  グラニュー糖……30g
  牛乳……140g
キルシュ酒……10g
バニラエッセンス……4滴
牛乳……120g

下準備
- 型を冷蔵庫で冷やす。
- 粉ゼラチンに冷水をふり、ふやかす。
- 盛りつける皿もよく冷やしておく。

◎**おいしく作るポイント**
※1……沸騰した状態で煮出すことで、アーモンドの風味をしっかり引き出す。

◎**食べごろ**
当日～3日後。
冷蔵庫で保存する。

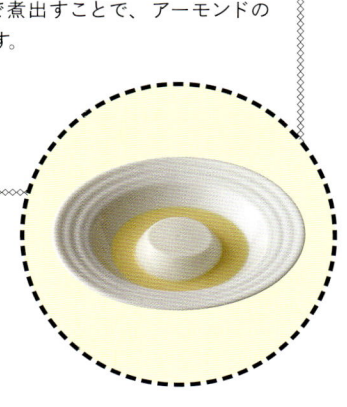

a

b

c

d

e

ブラン・マンジェを作る ▶▶▶

1 アーモンドを牛乳で煮出す
牛乳と水を火にかけ、沸いたらスライスアーモンドを入れる。再沸騰したら弱火にし、静かに沸騰する程度で2分間煮る（※1・**a**）。

2 グラニュー糖、サワークリームを加える
グラニュー糖とサワークリームを加えて混ぜ、沸騰したら弱火にしてさらに2分煮る。

3 裏漉しする
2を裏漉しし、漉し器に残ったアーモンドを強く押して牛乳をよく絞る（**b**）。

4 ゼラチンを加え、混ぜる
ふやかしたゼラチンを加え、ホイッパーでよく混ぜて溶かす。

5 計量し、牛乳を加えて500gにする
4を計量し、500gになるように牛乳を加える（**c**）。

6 氷水にあて、40℃まで冷ます
ボウルを氷水にあて、ホイッパーで混ぜながら40℃まで冷ます（**d**）。

7 キルシュ酒を加え、10℃に冷ます
キルシュ酒を加え、同様にホイッパーで混ぜながら10℃まで冷ます。

8 生クリームを泡立て、7を加える
別のボウルで生クリームを4分立て（かすかにとろみがつくぐらい）にする。7を5回に分けて加え、そのつど円に混ぜる（**e**）。

9 氷水にあて、とろみをつける
氷水にあて、木べらを前後に動かして混ぜる（**f**）。徐々に泡が消え、生地につやが出てとろみがついてくる。

10 型に流し、冷やし固める
5℃になり、適度なとろみがついたら、型に流し入れる（**g**）。冷蔵庫で5時間以上冷やし固める。

ソースを作る ▶▶▶

11 アングレーズソースを作る
p120「ムース・ショコラ」**12〜15**の要領でアングレーズソースを作る。漉したら氷水にあて、40℃まで冷やす。

12 キルシュ酒とバニラエッセンスを加える
キルシュ酒とバニラエッセンスを加え、ホイッパーで円に混ぜる（**h**）。約5℃まで冷やす。

13 牛乳を加える
氷水をはずし、牛乳を加えて円に混ぜる（**i**）。表面の泡を取り除き、冷蔵庫でよく冷やす。

仕上げる ▶▶▶

14 皿に盛りつける
ブラン・マンジェのふちを指先で押して空気を入れ（**j**）、裏返して皿にのせ、型からはずす。周りにソースを流す。

◎アーモンドのこと

ブラン・マンジェはアーモンドの風味を牛乳で煮出して作ります。そのため、アーモンドの質はとても大切。手に入るものでかまいませんが、新鮮なものを使いましょう。イル・プルーでは香りと味わいが豊かなスペイン産のマルコナ種を使用。煮出す時は最初からグラニュー糖を入れるとアーモンドの風味が出にくいので、あとから加えるのがコツです。

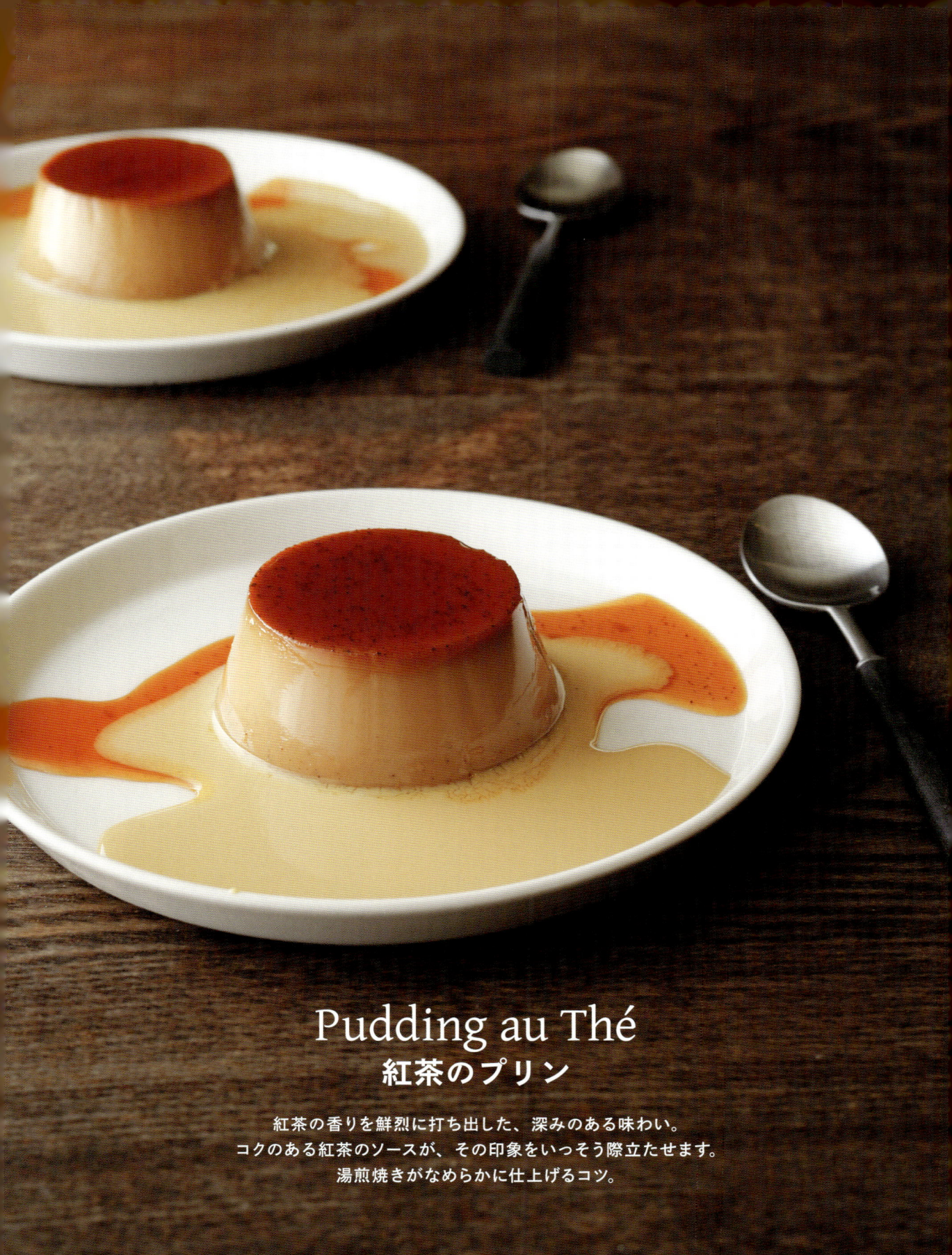

Pudding au Thé
紅茶のプリン

紅茶の香りを鮮烈に打ち出した、深みのある味わい。
コクのある紅茶のソースが、その印象をいっそう際立たせます。
湯煎焼きがなめらかに仕上げるコツ。

材料[口径6.5×高さ4cmのプリン型8個分]

◎キャラメル
グラニュー糖……80g
水……20g
水（色止め用）……20g

◎紅茶のプリン
牛乳……530g
紅茶の葉（アールグレイ）……18g
紅茶の葉（ダージリンなど*）……9g
グラニュー糖……108g
全卵……172g
カルヴァドス*……30g
＊アールグレイ以外の茶葉を使う。
＊リンゴの蒸留酒。紅茶の風味とよく合う。ブランデーで代用可。

◎紅茶のソース
アングレーズソース
　卵黄……48g
　グラニュー糖……48g
　牛乳……160g
　バニラ棒……1/2本
牛乳……200g
紅茶の葉（アールグレイ）……7g
紅茶の葉（ダージリンなど*）……3g
カルヴァドス……5g
＊アールグレイ以外の茶葉を使う。

下準備
- 湯煎焼き用の湯を沸かす。
- アングレーズソースをp120「ムース・ショコラ」**12〜15**の要領で作る。ここから100g使う。

◎**おいしく作るポイント**
※1……紅茶の風味を邪魔するので、キャラメルは焦がしすぎない。
※2……沸騰状態で茶葉を煮て、紅茶の風味をしっかり引き出す。
※3……湯煎焼きにした時に気泡が残るので、あまり泡立てないようにする。
※4……なめらかなプリンに仕上げるため、必ず裏漉しする。
※5……沸騰したての熱湯で湯煎焼きにすることで、充分な熱が蒸気になってプリン生地に柔らかく均一に伝わり、なめらかに焼き上がる。なお、湯煎の湯が減ったら随時足し、焼いている途中で天板の前後を入れ替える。天板2枚分を一度に焼く場合は50〜60分かかる。

◎**焼き上がりの目安**
型の側面を指で叩いた時に、表面が軽くゆれる。

◎**食べごろ**
当日中〜3日後。
冷蔵庫で保存する。

キャラメルを作る ▶▶▶

1 グラニュー糖と水を強火で焦がす
小鍋にグラニュー糖と水を入れ、強火にかける。周りが色づいてきたらスプーンで混ぜ、鍋を動かして全体が均一になったら弱火にする。

2 水を加えて色を止める
沸騰したように急に煙が上がったら、色止め用の水を2回に分けて加え、混ぜて火からおろす（※1）。水を加えるとキャラメルが飛び散るので注意。

3 型に流し入れる
型の底が隠れる量ずつ流し入れる。すぐには固まらないのであわてずに。

紅茶のプリンを作る ▶▶▶

4 紅茶を牛乳で煮出す
牛乳を中火にかけ、沸いたら2種類の茶葉を加えて混ぜる。軽く沸騰した状態で1分間煮出す（※2）。

5 茶葉を漉し、絞る
ザルなどで漉し、ザルに残った茶葉をレードルなどで強く押して牛乳をよく絞る。

6 計量し、牛乳を加えて387gにする
5を計量し、387gになるように牛乳（分量外）を加える。グラニュー糖を加え、ホイッパーで静かに円に混ぜる（※3）。

7 ほぐした全卵に6を混ぜる
全卵をよくほぐす。6の1/3量を3回に分けて加え、30回ほどゆっくり円に混ぜる。残りをさっと加えてカルヴァドスも加え、20回混ぜる。

8 漉して表面の泡を取り除く
目の細かいふるいで7を漉す（※4）。表面の泡をキッチンペーパーなどで寄せて取り除く。

9 生地の温度をはかる
プリン生地の温度をはかり、40℃以下の場合は弱火で軽く温める。温度が低いと焼き時間が長くなり、均一に火が入らないため。

10 型に流し、天板に湯を張る
3の型に流し、天板に並べる。天板に高さ1cmほど熱湯を張る。

11 湯煎焼きにする（※5）
レンジ：140℃で30分 → 110℃で10〜15分
ガス：140℃で40〜45分

紅茶のソース ▶▶▶

12 紅茶を牛乳で煮出す
牛乳を中火にかけ、沸いたら2種類の茶葉を加えて混ぜる。軽く沸騰した状態で1分間煮出す。裏漉しし、冷ます。

13 アングレーズソースを加える
12を100gとアングレーズソース100g、カルヴァドスをホイッパーで混ぜる。表面の泡を除き、冷蔵庫でよく冷やす。

仕上げる ▶▶▶

14 皿に盛りつける
プリンのふちを指先で押して空気を入れ、裏返して皿にのせて型からはずす。周りにソースを流す。

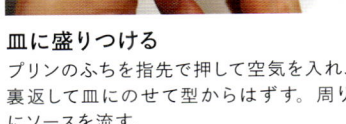

Crème Brulée
クレーム・ブリュレ

シナモンを加えて味に余韻をもたせるのがイル・プルー流。
表面のキャラメリゼは繊細にして、
ねっとりしたクリームとの絶妙なコントラストを作ります。

材料［直径10cm×高さ2.5cmの耐熱皿8枚分］

卵黄……142g
カソナード*……84g
生クリーム……445g
牛乳……148g
シナモンスティック……1本
シナモンパウダー……小さじ1/3（0.3g）
バニラ棒……1本
カソナード（キャラメリゼ用）……適量

*赤褐色の粗糖。
独特な甘みが菓子にコクとふくらみを与える。

下準備

- 湯煎焼き用の湯を沸かす。

◎おいしく作るポイント
※1……バーナーがない場合は、よく熱したスプーンの背でカソナードを焦がす方法もある。

◎焼き上がりの目安
型をゆすっても生地の表面が動かなくなる。

◎食べごろ
作ってすぐ。

クレーム・ブリュレを作る ▶▶▶

1　卵黄とカソナードを混ぜる
卵黄とカソナードを、白っぽくなるまでホイッパーで直線にすり混ぜる。

2　生クリーム、牛乳などを沸かす
鍋に生クリーム、牛乳、シナモンスティック、シナモンパウダー、バニラ棒の種とさやを入れて弱火にかけ、80℃にする。シナモンスティック、バニラ棒を取り出す。

3　1に2を加え、混ぜる
1に2を少しずつ加え、ホイッパーで円に混ぜる。裏漉しし、表面に浮いた泡をていねいに取り除く。

4　型に流し、湯煎焼きにする
型に流し、天板に並べる。天板に高さ5mmほど熱湯を張り、湯煎焼きにする。
レンジ：150℃で20分
ガス：140℃で20分

仕上げる ▶▶▶

5　茶漉しでカソナードをふる
粗熱をとり、冷蔵庫で充分に冷やしたクレーム・ブリュレの表面に、茶漉しでカソナードを軽くふる。

6　バーナーでキャラメリゼする
バーナーで表面に薄く焦げめをつける（※1）。もう一度カソナードをふり、同様に焼く。

Gratin de Fruits
フルーツのグラタン

口の中でフワッと溶けるサバイヨンソースが、
フルーツの味わいを引き立てます。

材料［2皿分］

◎サバイヨンソース
卵黄……40g
グラニュー糖……20g
白ワイン（甘口）……55g
レモンの搾り汁……3g
生クリーム……40g

◎フルーツ
イチゴ……小10粒
マンゴー……1/2個
パイナップルのシロップ漬け（※1）……70g

◎仕上げ
粉糖……適量
バニラシュガー（市販）……適量

下準備
- 生クリームを8分立てに泡立て、冷蔵庫に入れておく。
- イチゴのヘタを取り、ひと口大に切る。
- マンゴーの皮と種を取り、ひと口大に切る。
- パイナップルのシロップ漬けの水気をきり、2cm角に切る。

◎おいしく作るポイント
※1……パイナップルのシロップ漬けの作り方。適当な大きさに切ったパイナップル1/2個と沸かしたシロップ（水135gとグラニュー糖175gで作る）を合わせ、粗熱がとれたらレモン汁16g、キルシュ酒8gを加える。冷蔵庫で1週間以上漬け込む。
※2……軽やかな舌ざわりに仕上げるには、サバイヨンソースをしっかり固く泡立てること。

◎焼き上がりの目安
サバイヨンソースに焼き色がつく。電子レンジオーブンの場合、焼き色がつかなくてもソースがふくれてきたらオーブンから出す。

◎食べごろ
作ってすぐ。

サバイヨンソースを作る ▶▶▶

1　卵黄とグラニュー糖を混ぜる
卵黄とグラニュー糖を白っぽくなるまでホイッパーで直線に混ぜる。耐熱性ガラスボウルを使うと、熱が柔らかく伝わってなめらかに仕上がる。

2　白ワインを少しずつ加える
白ワインの1/3量を3回に分けて加え、そのつど円に混ぜる。残りの白ワインを加え、さっと混ぜる。

3　泡立てながら加熱する
コンロに金網と石綿金網をのせ、2を弱火にかける。もったりと固くなり、底が見えるぐらいまでホイッパーで力強く混ぜる。

4　余熱で1分以上混ぜる
火からおろし、余熱で1分ほどよく混ぜる。別のボウルに移す。

5　ハンドミキサーでよく泡立てる
ハンドミキサー（羽根1本）で高速で2分、氷水にあててさらに2分しっかり泡立てる（※2）。10℃まで冷やし、レモンの搾り汁を加える。泡立てた生クリームを加え、中速で10秒ほど混ぜる。

仕上げる ▶▶▶

6　皿に盛り、焼く
皿にフルーツを並べ、サバイヨンソースをのせる。粉糖とバニラシュガーをふって焼く。
レンジ：300℃で3～4分
ガス：300℃で2分

Mousse au Chocolat
ムース・ショコラ

思いがけない軽く、淡い口あたりがこのムースの特徴。
チョコレートの風味がフワッと広がり、ほのかにオレンジが香ります。

材料［5皿分］

◎ムース・ショコラ
卵黄……80g
グラニュー糖……70g
牛乳……245g
粉ゼラチン……5g
冷水……30g
製菓用スイートチョコレート……50g
オレンジキュラソー（アルコール40°）……15g
バニラエッセンス……10滴
メレンゲ
　卵白……130g
　グラニュー糖……40g
生クリーム……170g

◎アングレーズソース
卵黄……30g
グラニュー糖……30g
牛乳A……100g
バニラ棒……1/10本
牛乳B……100g
オレンジキュラソー（アルコール40°）……25g

下準備

- 粉ゼラチンに冷水をふり、ふやかす。
- 製菓用スイートチョコレートを細かくきざむ。
- 生クリームを柔らかく角が立つまで泡立て、冷蔵庫で冷やしておく。
- ムースを入れる容器を冷凍庫で冷やす。
- 盛りつける皿も冷やしておく。

◎おいしく作るポイント
※1……8の混ぜ終わりと、メレンゲができ上がるタイミングを合わせることが大事。なお、メレンゲを8によく混ぜ込むことで、ゼラチンが泡を包み込んで安定し、ムースの軽やかな口あたりが保たれる。混ぜ込みやすいよう、メレンゲは泡立てすぎないこと。

◎食べごろ
当日中。0〜3℃に充分に冷やして食べる。

ムース・ショコラを作る ▶▶▶

1 卵黄とグラニュー糖を混ぜる
卵黄とグラニュー糖を白っぽくなるまでホイッパーで直線に混ぜる。耐熱性ガラスボウルを使うと、熱が柔らかく伝わってなめらかに仕上がる。

2 温めた牛乳を少しずつ加える
牛乳を80℃に温める。1/3量を1に3回に分けて加え、ホイッパーで円に混ぜる。残りの牛乳をサーッと加え、同様に混ぜる。

3 80℃まで加熱する
コンロに金網と石綿金網を重ねて、2をごく弱火にかける。ホイッパーで底を混ぜながら、80℃まで加熱してとろみをつける。

4 ゼラチンとチョコレートを加える
火からおろし、ふやかしたゼラチンを加えて円に混ぜる。きざんだチョコレートも加え、よく混ぜて溶かす。裏漉しする。

5 氷水にあてて冷ます
氷水にあてて混ぜながら冷まし、40℃になったらはずす。オレンジキュラソー、バニラエッセンスを加え混ぜる。

6 メレンゲを作る
6〜8はできれば2人で行なう。1人は卵白とグラニュー糖12gをハンドミキサー（羽根2本）で中速で1分、残りのグラニュー糖を加えて高速で1分泡立てる。

7

5を18℃まで冷やす
6でメレンゲを1分30秒泡立てたところで、もう1人は5を再び氷水にあて、ホイッパーで混ぜながら18℃まで冷やす。

8

生クリームを加える
18℃になったら氷水をはずし、泡立てておいた生クリームを手早く加え、よく混ぜる（※1）。

9

メレンゲに8を加える
6に8を一度に加え、木べらで底からすくうように混ぜる。最初は10秒に20回の速さで、混ざったら10秒に15回の速さで混ぜる。

アングレーズソース作る ▶▶▶

10

つやが出るまで混ぜる
均一に混ざり、少しつやが出てきたらでき上がり。木べらですくうとリボン状に落ち、ゆるく跡が残るぐらいの状態。

11

容器に流し、冷やし固める
冷やしておいた密閉容器に流し入れ、冷蔵庫で3時間ほど冷やし固める。

12

卵黄とグラニュー糖を混ぜる
卵黄とグラニュー糖を白っぽくなるまでホイッパーで直線に混ぜる。耐熱性ガラスボウルを使うと、熱が柔らかく伝わってなめらかに仕上がる。

13

沸かした牛乳とバニラ棒を加える
小鍋に牛乳Aとバニラ棒（裂いたさやと種）を入れ、中火にかける。軽く沸騰したら12に少しずつ加えながら、ホイッパーで円に混ぜる。

14

80℃まで加熱する
コンロに金網と石綿金網を重ね、13を中火にかける。泡が立たないように木べらで前後に混ぜながら、80℃まで加熱する。

15

裏漉しし、冷やす
裏漉しし、氷水にあてて木べらで混ぜながら5℃くらいまで冷ます。

仕上げる ▶▶▶

16

牛乳とホワイトキュラソーを加える
15から120gを取り、牛乳Bとオレンジキュラソーを加えてホイッパーで円に混ぜる。表面の泡を取り除き、冷蔵庫で冷やす。

17

皿に盛りつける
スプーンを50℃の湯で温めてから水気をきり、ムースをたっぷりすくって皿に盛る。周りにアングレーズソースを流す。

Crêpe Suzette
クレープ・シュゼット

焼いておいたものを温めて食べる、お菓子屋さんのクレープ・シュゼット。
焼いた時のきれいなちりめん模様がおいしさの証です。

材料 [5〜6枚分]

◎クレープ生地
全卵……81g
グラニュー糖……38g
牛乳……250g
薄力粉……75g
バター（澄ましバター用）……適量

◎オレンジ風味のバター
バター……100g
粉糖……80g
┌ オレンジの皮（すりおろす）*……1個分
└ グラニュー糖……小さじ2/3
オレンジキュラソー（アルコール60°）……10g
コニャック*……15g
*オレンジの皮とグラニュー糖はオレンジコンパウンド8gに置きかえてもよい。
*フランス・コニャック地方で造られるブドウ発酵蒸留酒。オレンジキュラソーで代用可能。

◎オレンジ風味の砂糖*
オレンジの皮（すりおろす）……1/2個分
グラニュー糖……80g
*オレンジコンパウンド3g、グラニュー糖60gにしてもよい。

下準備

- 澄ましバターを作る。小鍋にバターを入れてごく弱火で溶かす（沸騰させない）。火からおろして温かい場所にしばらく置く。表面の脂肪を取り除き、冷蔵庫で保存する。底に残る乳清は使わない。
- オレンジ風味のバターに使うバターは薄く切り、室温で柔らかくする。
- オレンジ風味のバターに使うオレンジの皮のすりおろしとグラニュー糖をパレットナイフで水分が出るまですり合わせ、香りを出す（p90）。

◎おいしく作るポイント
※1……混ぜすぎるとグルテンが形成され、食感が悪くなるので注意。
※2……充分に生地を休ませて弾力をゆるませる。腐敗しないよう気をつける。
※3……澄ましバターで焼くのは、普通のバターより焦げにくいため。

◎焼き上がりの目安
生地の表面が乾き、濃いめのキツネ色のちりめん模様がつく。

◎食べごろ
作ってすぐ。または冷蔵庫で保存し、オーブンで温めて食べる。

クレープ生地を作る ▶▶▶

1 全卵、グラニュー糖、牛乳を混ぜる
全卵とグラニュー糖を白っぽくなるまでホイッパーで直線に混ぜる。牛乳20gを加えて混ぜる。

2 薄力粉を加える
薄力粉を一度に加え、ほとんどダマがなくなるまでゆっくり円に混ぜる（※1）。

3 牛乳を加えて混ぜる
牛乳230gの1/3量を5回に分けて加え、そのつどゆっくり円に30回ほど混ぜる。残りの牛乳を加え、さっと円に混ぜ、裏漉しする。密閉容器に入れ、冷蔵庫で2晩以上休ませる（※2）。

クレープを焼く ▶▶▶

4 フライパンに生地を流す
フライパンに澄ましバターを5gほど入れ、中火で溶かす（※3）。少し煙が上がったらクレープ生地をレードル1杯流し入れる。

5 弱火で焼く
生地を全体に広げ、弱火で焼く。パレットナイフで少しめくり、はがしやすくする。

6 裏返し、両面を焼く
裏側にやや濃いキツネ色のちりめん模様がついたら裏返し、同様に焼く。焼き上がったら冷ます。

オレンジ風味のバターを作る ▶▶▶

7 バターに粉糖を加える
木べらでバターをポマード状に練る。粉糖を5回に分けて加え、そのつど切るように混ぜてから50回ほど円に混ぜる。

8 オレンジの皮の風味をつける
すり合わせたオレンジの皮とグラニュー糖を加え混ぜる。オレンジキュラソーとコニャックを5回に分けて加え、そのつど混ぜる。

オレンジ風味の砂糖を作る ▶▶▶

9 オレンジの皮とグラニュー糖を混ぜる
ボウルにグラニュー糖とオレンジの皮のすりおろしを入れ、手でもみほぐすように混ぜる。

仕上げる ▶▶▶

10 オレンジ風味のバターと砂糖をぬる
6の冷ましたクレープを広げ、オレンジ風味のバターをパレットナイフでぬる。オレンジ風味の砂糖をふる。

11 皿に並べて焼く
半分に折り、再びバターをぬって砂糖をふる。さらに半分に折って皿に並べ、オーブンで温める。
レンジ：150℃で7〜8分
ガス：150℃で7〜8分
オレンジ風味のバターが溶けて充分熱くなればよい。

クレープ・シュゼットのバリエーション
クレープ・グラス・オ・ロム

ラムソースの苦みとアイスクリームが絶妙の取り合わせ。
温と冷のコントラストも楽しいデザート。

材料[2個分]
◎クレープ生地
＊p122と同じ材料、要領で作るが、牛乳を加えたあとにココナッツファイン39gを加え混ぜる。フライパンで焼き、冷ましておく。

◎ラムソース[3〜4個分]
生クリーム……80g
グラニュー糖（キャラメル用）……24g
ラム酒漬けレーズン……20g
レーズンの漬け汁……7g
グラニュー糖……5g
ラム酒……8g

バニラアイスクリーム（市販）……適量

ラムソースを作る ▶▶▶

1 生クリームを60〜70℃に温める。

2 銅ボウルにグラニュー糖（キャラメル用）を入れて火にかけ、スプーンで混ぜながら少し赤みがつき、苦みが出るまで焦がす（**a**）。

3 **2**に**1**を加えながら、ホイッパーで手早く混ぜる。

4 ラム酒漬けレーズンとその漬け汁を加え、グラニュー糖を加減しながら加えて甘みを調整する。

5 沸騰直前まで加熱し、ラム酒を加えて火からおろす。

仕上げる ▶▶▶

6 クレープを広げ、練って柔らかくしたバニラアイスクリームを半量のせ、写真**b**のように包む。

7 温めた皿に**6**をのせ、熱したラムソースをかける。すぐに食べる。

a　b

Truffes au Curaçao
トリュフ・キュラソー

表面がカシャッと歯にあたったとたん、
ガナッシュがとろけてほのかにオレンジが香ります。
とても柔らかいので少し気を遣いますが、
この口溶けのためならば納得です。

材料 [直径25mmのボーラー 約20個分]

- 生クリーム……83g
- 水……15g
- ガナッシュ用スイートチョコレート*……130g
- オレンジキュラソー（アルコール60°）……6g
- オレンジの皮*（すりおろす）……1個分
- グラニュー糖……小さじ2/3
- コーティングチョコレート*……適量
- ココアパウダー、粉糖……各適量

*ガナッシュ用チョコレートは普通の製菓用チョコレートよりカカオバターが少なく、分離しにくい。

*オレンジの皮とグラニュー糖の代わりにオレンジコンパウンド9gを使用してもよい。

*コーティングチョコレートは温度調整の必要がなく、溶かして混ぜれば使用できる。代わりに製菓用スイートチョコレートと洋生チョコレートを同量ずつ合わせてもよい。

下準備

- ガナッシュ用スイートチョコレートを細かくきざむ。
- オレンジの皮のすりおろしとグラニュー糖をパレットナイフで水分が出るまですり合わせ、香りを出す。
- コーティングチョコレートを湯煎にかけて40℃になるよう調整する。
- ココアパウダーをふるう。

◎おいしく作るポイント

※1……柔らかいガナッシュなので、一晩冷やし固めたほうが扱いやすい。

※2……力を入れるとガナッシュが柔らかくなるので注意。

◎食べごろ

密閉容器に入れ、冷蔵庫で1週間ほど。食べる前に少し室温にもどす。

ガナッシュを作る ▶▶▶

1 生クリームとチョコレートを溶かす

銅ボウルに生クリームと水を入れて弱火にかける。80℃になったら火を止め、きざんだチョコレートを加えてホイッパーで円によく混ぜて溶かす。

2 オレンジの香りをつける

3回に分けてオレンジキュラソーを加え、そのつど50回ほど円に混ぜる。すり合わせたオレンジの皮とグラニュー糖を加え、20回ほど円に混ぜる。

3 冷蔵庫で冷やし固める

2を深さのある小さめのボウルに入れ、混ぜてからラップ紙を密着させる。5℃以下の冷蔵庫で一晩冷やし固める（※1）。

チョコレートを丸める ▶▶▶

4 ガナッシュをボーラーで抜く
ボーラーを直火で3～4秒あぶり、ガナッシュに挿し入れる。力を入れて少しすくい、すぐに逆側に回転させて丸く抜く。紙を敷いたバットにのせる。

5 冷蔵庫で冷やし固める
抜いていく間にガナッシュに穴ができるので、カードでひとつにまとめながら抜いていく。冷蔵庫で10～15分冷やし固める。

6 手で軽く丸める
冷えたガナッシュを手にとり、力を入れずに表面だけを丸める（※2）。

7 表面をなめらかにする
溶かしたコーティングチョコレートを手のひらに適量とり、6を1個ずつ転がして薄く、均一にまぶしつける。チョコレートが固まったら温めて17～20℃にもどす。

仕上げる ▶▶▶

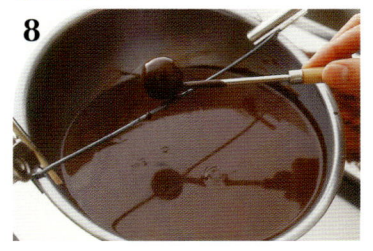

8 チョコレートでコーティングする
溶かしたコーティングチョコレートに7を1個ずつ入れて浸す。フォークで引き上げ、余分なチョコレートを落とす。

9 ココアパウダーをまぶす
バットに広げたココアパウダーに8をそっと落とし、フォークで転がしてまぶす。固まってきたら余分なココアを落とし、すぐに密閉容器などに入れて冷蔵庫で保存する。

10 粉糖をまぶす
ココアパウダーの代わりに粉糖をまぶしてもよい。フォークで転がしてまぶし、固まってきたら密閉容器などに入れて冷蔵庫で保存する。

◎ チョコレートの保存

チョコレートは湿気に弱いので、作ったらすぐに箱などに詰めてラップ紙などで密閉し、冷蔵庫で保存します。保存は低温で、逆に食べる時は17～20℃にゆっくりもどしてから……がチョコレートをおいしく味わうポイントです。なお、チョコレートを冷蔵庫から出して室温に置く時には、必ず密閉したままで。いきなり外気にさらすと水滴がついてしまうからです。

Pavés de Chocolat
生チョコレート

バレンタインデーにとびきりの手作りチョコレートを贈ってみませんか。
簡単なのにとても上品。口の中でスッと溶けて濃い味わいが広がります。

材料［18cm角のキャドル1台分
　　　（2.5cm角のチョコレート49個分）］

ココリン＊……42g
生クリーム（乳脂肪分35%）……82g
水飴……23g
ガナッシュ用スイートチョコレート……195g
ダークラム酒……9g
ココアパウダー、粉糖……各適量

＊太陽油脂株式会社のヤシ硬化油。
ショートニングで代用可。

下準備

- ガナッシュ用スイートチョコレートを細かくきざむ。
- バットにキャドルをのせ、底になる部分から側面にかけてラップ紙を貼りつける。

◎ **おいしく作るポイント**
※1……ここでよく混ぜておかないと、あとで分離する場合がある。
※2……ダークラム酒の代わりにキルシュ、カルヴァドス、オレンジやフランボワーズのオー・ド・ヴィ（蒸留酒）などでもおいしくできる。
※3……急冷すると亀裂が入るので、冷蔵庫に入れる場合は充分に冷ましてから。

◎ **食べごろ**
密閉容器に入れ、冷蔵庫で1週間ほど。食べる前に少し室温にもどす。

ガナッシュを作る ▶▶▶

1　ココリン、生クリーム、水飴を沸かす
ココリンを弱火にかけ、溶けたら生クリーム、水飴を入れ、ホイッパーで混ぜる。

2　チョコレートを加え、溶かす
沸いてきたらチョコレートを加え、円に混ぜる。溶けたらゴムべらでボウルの周りをはらい、さらに50回円に混ぜる（※1）。

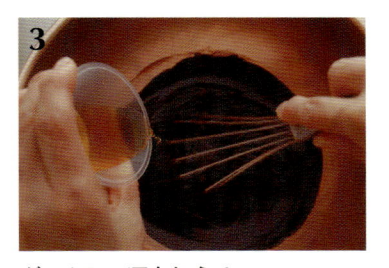

3　ダークラム酒を加える
充分に混ざり、ツヤが出てきたらダークラム酒を加えてよく混ぜる（※2）。

仕上げる ▶▶▶

4　型に流し、冷やし固める
キャドルに流し入れ、バットをゆすって表面を平らにする。粗熱がとれたら10℃前後のところに3〜4時間置いて冷やし固める（※3）。

5　チョコレートを切り分ける
チョコレートをラップ紙ごと持ち上げて型からはずす。ラップ紙をはずし、直火で温めた包丁で2.5cm角に切る。

6　ココアパウダーや粉糖をまぶす
バットに紙を敷き、5をひと粒ずつ並べる。茶漉しでココアパウダー、または粉糖をまぶす。

Bûche au Champagne
ビュッシュ・シャンパン

クリスマスを盛り上げる真っ白なビュッシュ・ド・ノエル。
ババロワやクリームにシャンパンを加えてぜいたくに仕立てました。

材料［24.5×7.5×高さ5.5cmのトヨ型1台分］
◎ビスキュイ・ア・ラ・キュイエール
　　［18cm角の天板2枚分］
卵黄……48g
グラニュー糖……45g
メレンゲ
　卵白……80g
　グラニュー糖……36g

◎シャンパン風味のババロワ
卵黄……35g
グラニュー糖……60g
白ワイン……40g
シャンパン……55g
粉ゼラチン……3g
冷水……15g
レモンの搾り汁……15g
コンパウンドシャンパン*（香料）……23g
生クリーム……120g

◎シャンパン風味のホワイトチョコレートクリーム
生クリーム……202g
製菓用ホワイトチョコレート……65g
シャンパン……10g
コンパウンドシャンパン*（香料）……5g

◎デコレーション
ピスタチオ（皮をむく）……適量
メレンゲのキノコ（p133）……適量
ホワイトチョコレートの薄板……適量
*コンパウンドシャンパンはなければ入れなくてよい。

下準備
- 18cm角の天板にバター（分量外）をぬり、紙を敷く。
- シロップを作る。レモンの皮のすりおろしとグラニュー糖8gをパレットナイフで水分が出るまですり合わせ、香りを出す。シャンパン、白ワイン、グラニュー糖と混ぜ合わせる。
- 粉ゼラチンに冷水をふり、ふやかす。
- ババロワ用の生クリームを泡立てておく。
- ホワイトチョコレートをきざむ。

◎**おいしく作るポイント**
※1……耐熱性ガラスボウルを使うと、熱が柔らかく伝わってなめらかに仕上がる。
※2……混ぜすぎると口溶けが悪くなる。
※3……マジパン細工などでにぎやかに仕上げるなど、デコレーションはお好みで。

◎**焼き上がりの目安**
表面、底ともキツネ色になる。シロップやババロワの水分がしみ込んでもグチャッとしないように充分に焼く。

◎**食べごろ**
当日〜翌日中。
冷蔵庫で保存する。

薄力粉、強力粉……各40g
粉糖……適量

◎シロップ
レモンの皮（すりおろす）……¾個分
グラニュー糖……8g
シャンパン……58g
白ワイン……25g
グラニュー糖……適量

ビスキュイ・ア・ラ・キュイエールを作る ▶▶▶

1 生地を作る
p105「ビスキュイ・ア・ラ・キュイエールを作る」1〜6の要領で生地を作る。

2 天板に生地を絞る
10mmの丸口金をつけた絞り袋に生地を入れ、天板に隙間があかないように横に絞る。表面が隠れるぐらいに粉糖をふり、5分ほどおいて再度粉糖をふる。

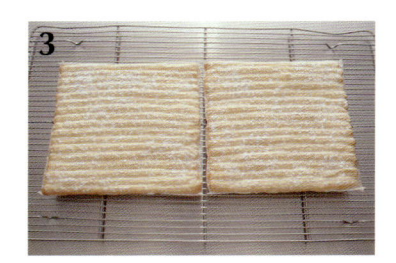

3 生地を焼く
キツネ色になるまで焼き、紙ごと網にのせて冷ます。
レンジ：190℃で12分
ガス：180℃で12分

組み立てる ▶▶▶

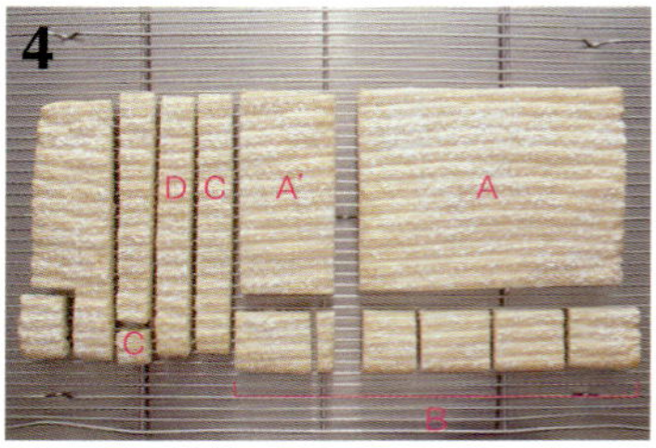

4 生地を切り分ける
2枚を写真のように切り分ける。A：18×14cm、A'：6.5×14cm、B：5×24.5cm、C：2×20cm、D：2×18cm（BとCは何枚か組み合わせてその大きさになればよい）。

5 シロップをぬる
紙を24.5×14cmに切り、焼き面を下にしてAとA'の生地をのせる。刷毛でシロップをたっぷりぬる。B、C、Dにもシロップをぬる。

6 トヨ型に生地を敷き込む
AとA'の生地を紙ごとトヨ型に敷き込み、冷凍庫で冷やす。B、C、Dはバットなどにのせて冷蔵庫で冷やす。

シャンパン風味のババロワを作る ▶▶▶

7 卵黄に白ワイン、シャンパンを加える
耐熱性ガラスボウルで卵黄とグラニュー糖をホイッパーで直線に混ぜる。白っぽくなったら白ワインとシャンパンを少しずつ加えながら円によく混ぜる（※1）。

8 80℃まで加熱する
コンロに金網と石綿金網を重ねてのせ、7をごく弱火にかける。ホイッパーで底を混ぜながら、ゆっくり80℃まで加熱する。

9 ゼラチンを加え、よく混ぜる
すぐに火からおろし、ふやかしたゼラチンを加えてよく混ぜる。

10 裏漉しし、冷ます
裏漉ししてボウルに移し、氷水にあてて手早く混ぜながら40℃まで冷ます。氷水をはずし、レモンの搾り汁、コンパウンドシャンパンを加える。18℃まで冷やす。

11 生クリームを加える
泡立てた生クリームをひとすくい加えて円に混ぜ、およそ混ざったら底からすくい上げるように混ぜる。残りの生クリームを2回に分けて加え、そのつど同様に混ぜる。

12 ババロワ生地の上下を返す
生クリームが入っていたボウルに移し、生地の上下を返す。氷水にあて、均一になるまで混ぜる。

シャンパン風味のホワイトチョコレートクリームを作る ▶▶▶

13 型に生地を流す
6のトヨ型に12を流し、表面をならす。Bの生地を、シロップをぬった面を下にして並べる。冷蔵庫で1時間ほど冷やし固める。

14 生クリームを泡立てる
生クリームを氷水にあて、ハンドミキサー（羽根2本）で柔らかく角が立つまで泡立てる。クリームの温度を約10℃にする。

15 ホワイトチョコレートを温める
ホワイトチョコレートを40～50℃の湯煎で溶かす。湯の温度を上げてチョコレートを80℃にする。

仕上げる ▶▶▶

16 14にシャンパンと15を加える
14にシャンパンとコンパウンドシャンパンを加え、さらに15を加えながらホイッパーで円に混ぜ、さらに底からすくうように手早く混ぜる（※2）。

17 生地を巻いて切り株を作る
C、Dの生地を焼き面を下にしておく。15mm幅の平口金をつけた絞り袋に16を入れ、生地の幅に絞って巻いて切り株にする。

18 切り株を飾る
13のトヨ型から生地を取り出し、カルトン（台紙）にのせる。適当な位置に16のクリームを少し絞り、切り株をのせて軽く押して固定させる。

19 チョコレートクリームを絞る
16のクリームを切り株の根元を囲むように絞る。それ以外はビスキュイ生地を覆うように横に絞る。ぬるま湯に浸けたフォークの水気をきり、木の模様をつける。ピスタチオやメレンゲのキノコ、ホワイトチョコレートの薄板などを飾る（※3）。

◎スイスメレンゲで作るキノコ

材料
卵白……80g
グラニュー糖……120g
ココアパウダー……適量

1 卵白とグラニュー糖を火にかけ、ホイッパーで混ぜながら60℃まで加熱する。

2 ハンドミキサー（羽根2本）を使って高速で3分～3分30秒ほどピンと角が立つまで泡立てる。

3 10mmの丸口金をつけた絞り袋に入れ、キノコの軸とかさの形に絞る。かさには軽くココアパウダーをふる。

4 電子レンジオーブンは130℃で40分、ガスオーブンは110℃で40分焼く。軸から焼き、かさはあとからオーブンに入れる。かさの表面が乾燥したら軸にのせてさらに焼く。

◎つくる
パティスリー
イル・プルー・シュル・ラ・セーヌ

他のどこも真似のできない
孤高のフランス菓子をつくり続ける

1986年12月の開店以来、「フランスとは風土も素材も異なる日本で、多様性・多重性にあふれるフランス菓子をつくる」という弓田亨の強い意志のもと、真の味わいのフランス菓子をつくり続けてきました。どの菓子も、時代に流されない、食べる人の五感に迫り、ゆさぶり、共鳴を誘う孤高のおいしさであると自負しています。

店内は本場フランスのパティスリー同様、季節ごとのオリジナルのアントルメ、定番のフランス菓子、プティショコラ、ヴィエノワズリー、焼き菓子などの他、クリスマスのシュトレンやビュッシュ・ドゥ・ノエル、正月のギャレットゥ・デ・ロワなど伝統的なお菓子も大切につくり続けています。また本当においしい状態で食べていただくため、お菓子を食べる温度にもこだわっています。そのため店内でしか提供できないお菓子もございます。ぜひ一度、足をお運びください。

マスコミにも多数掲載されているヒット商品「塩味のクッキー」や、五彩のダックワーズ、パウンドケーキ、天然素材のマカロン、タルト・サンチャゴなど、代官山の手みやげとして人気のギフト商品も多数取り揃えています。

◎教える
嘘と迷信のない
フランス菓子・料理教室

オーナー・パティシエ弓田亨が自ら指導。
パティスリーの味を自分の手で再現できます。

1988年開講以来、生徒さんとの実践の中で少量のためのお菓子づくりの技術を築いてきました。私どもの技術はけっして上手な人のためのものではなく、初心者のための技術なのです。向かいのパティスリーに並ぶお菓子と同じものを、同じおいしさで、初心者の人にも短時間で確実につくらせてしまうのです。入学して半年もすると、イル・プルーのお菓子と自分がつくったお菓子以外は食べられなくなります。

またほとんど初心者だった方が確かな技術と自信をもち、2～3年後にお店を出す、そんなことも可能にしてしまう、まさに神業をもつ教室なのです。

通年クラス

フランス菓子本科第1クール
1回の授業で2～3台のアントルメを
お1人で1台おつくりいただきます。

楽しく洋菓子科（旧：入門速成科）
誰でも簡単にショートケーキやモンブランがつくれるよう指導します。

フランス料理
手間を惜しまない、本格的なフランス料理が学べます。

特別講習会
弓田亨新作菓子発表会「イル・プルーの1年」
ドゥニ・リュッフェル氏「フランス菓子・料理技術講習会」毎年夏開催

1dayレッスン
シフォンケーキ講習会、弓田亨講習会、
ドゥニ氏復刻メニュー講習会、夏期・冬期講習会、
プティショコラ講習会、ごはんとおかずのルネサンス講習会　他

この他にも体験レッスン、無料見学などあり。
お気軽に教室（TEL 03-3476-5196）までお問い合わせください。

パティスリー、教室とも詳しくは鮮烈さに満ちた
ホームページをご覧ください。
http://www.ilpleut.co.jp

◎ 素材の開拓
製菓材料輸入販売／輸入販売部

フランス菓子の味わいを知り尽くしたパティシエが選び抜いた
秀逸な素材をヨーロッパからお届けします。
ここにはあなたの常識を超えた素材があります。

> 二十数年前、フランスと同じ品質、おいしさをもつ素材を使って、この日本で本当においしいフランス菓子をつくりたいという思いから、まったく未知の分野に飛び込みました。常に自分なりの"フランス的な味わい"を執拗に追求し、パティシエ人生のすべての知識と経験のもとに執念をもってフランス、スペインを中心に探した素材はどれも抜きん出た味わいであると自負しています。数々の困難の中から今をつくりあげてきた偏屈ともいえるパティシエの心意気とともに、菓子屋の鋭い視点であつめた秀逸な素材を一人でも多くの皆様に見ていただきたいのです。そして素晴らしい素材でのお菓子づくりが、とても刺激的なものであり、パティシエとしての人生を彩あるものにしてくれることを知ってほしいのです。
>
> 弓田亨

エピスリー
イル・プルー・シュル・ラ・セーヌ

心とからだがよろこぶ本当のおいしさに、
直接見て、触れて、試せるこだわりの製菓材料店。

2009年秋に恵比寿から代官山の教室内に移転。これまで以上にパティスリー、教室と連動し、本当においしい素材を手にとって確かめて購入できる店として再スタートしました。
イル・プルーのお菓子づくりに必要な、弓田亨が厳選して集めた秀逸な素材の他、オリーブオイルやいりこなど、弓田亨が近年力を入れている日本の家庭料理「ごはんとおかずのルネサンス」の食材、さらに2013年3月からスタートさせた「奇跡のワイン」なども販売しています。
イル・プルーのお菓子づくり、ルネサンスごはんづくりに精通したスタッフが丁寧に応対いたします。ぜひ一度お立ち寄りください。

◎ 伝える
お菓子屋さんが出版社！／出版部

プロ、プロ志向、お菓子づくりが好きな人のための本格フランス菓子・料理本、日本人の心とからだを立て直す「ごはんとおかずのルネサンス」シリーズ本の企画・編集・出版を手がけています。

イル・プルーのパウンドケーキ　おいしさ変幻自在

ちょっと正しく頑張ればこんなにおいしいフランスの家庭料理

新版 ごはんとおかずのルネサンス基本編

おいしいおっぱいと大人ごはんから取り分ける離乳食

各種お問い合わせ先

お菓子のことなら…
パティスリー
TEL　03-3476-5211
FAX　03-3476-5212
営業時間　10：30〜19：30
　　　　　毎週火曜、第2・第4水曜休
　　　　　（祝日の場合は翌平日振替）
☆ギフトのご注文はネットからも承ります。

講習会のことなら…
教室
TEL　03-3476-5196
FAX　03-3476-5197
☆1dayレッスンなどのお申込みはネットからも承ります。

材料のことなら…
エピスリー
TEL　03-3476-5160
営業時間　10：30〜17：00
　　　　　毎週火曜、第2・第4水曜休
　　　　　（祝日の場合は翌平日振替）
インターネット通販　エピスリー楽天ショップ
http://www.rakuten.ne.jp/gold/ilpleut/

☆ご注文、カタログのご請求、お問い合わせは下記の輸入販売部 TEL・FAX へ。

150-0033
東京都渋谷区猿楽町 17-16
代官山フォーラム 2F
アクセス　東急東横線「代官山」駅下車、
　　　　　徒歩5分
　　　　　東急バストランセ「代官山Tサイト」
　　　　　下車、すぐ

プロ向け製菓材料のことなら…
輸入販売部
TEL　03-3476-5195
FAX　03-3476-3772

書籍のことなら…
出版部
TEL　03-3476-5214
FAX　03-3476-3772
E-mail　edition@ilpleut.co.jp
☆全国書店にてお買い求めいただけます。

すべての詳細は
www.ilpleut.co.jp

椎名眞知子 [しいな まちこ]
「イル・プルー・シュル・ラ・セーヌ」
フランス菓子・料理教室副校長

1987年にフランス国立高等製菓学校で研修。帰国後、ケーキ教室の講師をするかたわら、弓田亨氏が代表を務めるフランス菓子店「イル・プルー・シュル・ラ・セーヌ」フランス菓子教室の第1期生として学ぶ。95年より教室スタッフとなり、パリ「ジャン・ミエ」ほかで研修を重ねる。やさしい物腰でありつつ、おいしいお菓子作りと料理への姿勢はエネルギッシュ。イル・プルーになくてはならない存在。近著に『イル・プルーのパウンドケーキ おいしさ変幻自在』『ちょっと正しく頑張れば こんなにおいしいフランスの家庭料理』など、教室のレシピをまとめた本や、日本人の心と身体を健康にする『ごはんとおかずのルネサンス』シリーズがある。

制作スタッフ 山崎かおり
長谷川有希
高嶋愛
菅野華愛
玉木愛純
編集スタッフ 中村方映

イル・プルー・シュル・ラ・セーヌの
お菓子教室

初版発行　2014年9月10日
2版発行　2018年2月20日

著者Ⓒ　椎名眞知子
発行者　丸山兼一
発行所　株式会社柴田書店
　　　　〒113-8477
　　　　東京都文京区湯島3-26-9　イヤサカビル
　　　　電話／営業部　03-5816-8282（注文・問合せ）
　　　　　　書籍部　03-5816-8260
　　　　http://www.shibatashoten.co.jp

印刷・製本　図書印刷株式会社

本書内容の無断転載・複写（コピー）・データ配信等の行為は固く禁じます。
乱丁・落丁本はお取替えいたします。

ISBN 978-4-388-06196-9
Printed in Japan